Ⓢ新潮新書

加藤梨里
Kato Lili

世帯年収1000万円

「勝ち組」家庭の残酷な真実

1020

新潮社

はじめに──「年収1000万円は〝勝ち組〟か?」論争

現在、日本の平均年収は約400万円です。そんななかで、「年収1000万円じゃ全然足りないですよね」と言われたら、あなたならどう思うでしょうか。「たしかに心許ないよね」と思う人もいるかもしれませんが、「何をぜいたくなことを!」と不快な思いを抱く人が多いのではないでしょうか。

先述の言葉は、筆者がかつて、ある人から言われた台詞です。当時の筆者の月収は17万円、ボーナスを入れても年収300万円弱でした。どんなに残業をしても自分には決して稼げない「1000万円」という年収を得ているのに、それでも足りないというのはどういうことか。さぞかし浮世離れしたぜいたくな暮らしをしているに違いないと、正直に言うと妬ましく感じたものです。

あれから約20年。ＳＮＳなどのインターネット上では「世帯年収１０００万円ぐらいでは勝ち組とは言えない」「日本人の平均年収は４００万円なのに、そんなことを言うのはぜいたくだ」というような論争が巻き起こっているのをしばしば目にします。たいていの場合、議論は平行線をたどり、進展の気配もありません。それもそのはずで、同じ「世帯年収１０００万円」でも、その本質的な経済力は時代によって常に変動しますし、同じ時期であっても家族構成や年代、居住地域など、個人が置かれている状況や公的補助の有無によって、体感は全く違うのです。

なにより、ひと時代前に比べて、年収１０００万円の実質的な経済力は大幅に下がっています。家計の税負担や社会保険料はこの20年ほどで大幅に増えており、働き方や家族構成による違いはありますが、今は額面年収１０００万円といっても、手取りにすると７００～７５０万円前後に過ぎません。「１０００万円」という数字のインパクトと比べると、もう少し現実的で慎ましい印象になるのではないでしょうか。

加えて、物価高や不動産価格の高騰によって生活コストも上昇しました。とりわけ、子育て世帯にとっては厳しい状況と言えます。子どもがいればそれだけ生活費がかかりますし、子どもと暮らせる住宅の確保には相応の費用も必要です。当然ながら教育費もかかりますが、国公立大学の学費でさえ平成以後、1・5倍以上になるなど、教育にかかるコストも軒並み上がっています。厚生労働省の調査では、子どものいる世帯の6割超は生活が「苦しい」と回答しており、全世帯（53％）よりも高い水準です（2021年「国民生活基礎調査」）。

かく言う筆者も、大卒で就職後、実家暮らしから1人暮らし、そして自分の家庭を持ち、家族構成が変わるたびに、生きていくために必要なお金のかかり方が様変わりしてきました。その後、さまざまな事情から正社員、派遣社員、一時は無職と転職を重ね、フリーのファイナンシャルプランナーとして活動する今に至るまで収入の増減を繰り返していますが、たとえ収入が増えても、出ていくお金が増えればゆとりを感じられるわけではないという当たり前な事実を身をもって実感するうちに、「年収1000万円」の景色が全く違って見えてくるようになったのです。

どうやら、もし年収が1000万円あっても思ったほどゆとりはなさそうだ。いや、むしろ場合によってはカツカツなのではないかと。

子育て世帯には児童手当など国の支援がたくさんあるじゃないか、と思う方がいるかもしれませんが、その多くには所得制限があります。児童手当のほか、高校の授業料無償化、大学の奨学金制度などの多くは、年収が1000万円を超えたあたりから支援から除外される憂き目に遭うことになります。年収1000万円というのは、公的支援をほとんど受けられず、完全な自力での子育てを迫られる境界線でもあるのです。

政府は「異次元の少子化対策」をうたい、児童手当の給付年齢の一部拡大や所得制限の撤廃など、いくつもの子育て支援策を打ち出しています。

しかし、2023年2月、政府が少子化対策の一環として高所得者への児童手当を制限する「所得制限」の撤廃について検討した際、与党の要職を務める政治家が「高級マンションに住んで高級車を乗り回している人にまで支援をするのか、というのが世論調査で出てきているのだろう」と発言し物議を醸したことがありました。

実際、執筆時点では所得制限撤廃と引き換えに、子どものいる世帯への扶養控除廃止も同時に検討されており、実質的には高所得の子育て世帯への負担増となる懸念さえある状況です。1000万円近くの収入がある世帯は裕福なのだから、支援など不要だということでしょうか。

しかし、現実は必ずしもそうではないようです。ある大手保険会社が今年行った調査では、年収1000万円以上の世帯でも、安心して子育てをするためのお金が不足しているという人の割合が7割超、子育てにかかる費用が精神的負担になっているという人が57%というデータもあります。年収1000万円でもぜいたくどころか、普通に暮らしていくのも厳しく、追い詰められていることをうかがわせます（日本生命「子育て現役世代の大規模実態調査」）。

実際の年収1000万円前後の世帯、とりわけ子育て世帯に関して言うと、高級マンションに住んで高級車を乗り回す余裕などほとんどないのが現実なのです。

ところで、裕福かどうかには収入ではなく資産を判断基準とすることもあります。金融広報中央委員会の調査データをみると、収入が多いほど資産も多いという傾向はあるものの、年収1000万円以上の世帯でも片働きでは15%以上、共働きでも約10%が「金融資産非保有」、つまり貯金がゼロとなっています。

こういった話題になるとしばしば、年収が高いのに資産ゼロなのは「ぜいたくな暮らしをしているせいだ」と指摘されます。しかし、前述の生活コストの変化や公的補助といった要因をふまえると、一概に自業自得と切り捨てられる問題ではないのではないでしょうか。

そこで本書では、世の中一般では裕福とイメージされがちな年収1000万円世帯のうち、特に子育て世帯に焦点を当てて、その経済力の時代による変化と、子育てにかかるコスト、そして公的補助の有無による家計への影響等をふまえて、暮らしぶりを繙《ひもと》いていきたいと思います。

第1~3章では、年収1000万円の子育て世帯をとりまく主な支出である、住宅、教育、生活費用について概観します。第4章では、日本でおなじみのアニメキャラクター家族を題材に、子育て世帯のモデル家計を設定し、年収1000万円世帯の家計と人生を通したお金の流れをシミュレーションしてみたいと思います。年収1000万円の子育て世帯には本当にゆとりがあるのか否か、また、家族構成、居住地域、子どもの進路が違うとお金の流れがどのように違ってくるかを試算してみます。

そして第5章では、これらをふまえて取れるお金の対策をご紹介します。

本書を通して、いま子育て中の方にはご家庭の家計管理や子どもの進路等の見通しをたてる際の参考にしていただけたら幸いですし、子育て世帯以外の方、様々な年代の方にもぜひ読んでいただき、お互いの状況を知って理解を深め合うための一助となればと思っています。

世帯年収1000万円——「勝ち組」家庭の残酷な真実　目次

第3章　生活費　見落とされがちな「共働きにかかるコスト」

第1章 住居費 不動産高騰で消えた「マイホームの夢」

高すぎて買えないマイホーム

多くの人にとって、人生における一番大きな買い物はマイホームではないでしょうか。決して少なくない額をこの先数十年と支払い続けるわけですから、子どもの進学や老後の生活などの将来設計に大きく影響してきます。もちろん、賃貸派にとっても、家賃支払いは毎月の家計支出の主要な部分を占めるものです。

ローン支払いや家賃などの住居費は、額が大きいうえに毎月必ず一定額の支払いをしなければならないため、生活全体への影響は計り知れません。仮に月の手取りが同じ50万円だとすると、毎月出ていく住居費が10万円なのか20万円なのか、はたまたそれ以上なのかでは住居費以外にかけられるお金や貯蓄可能額に大きな差が出ます。

衣食住の中でも、住まいは暮らしの基盤になるため、結婚や出産、子どもの進学、転勤や転職などでライフステージが変わると住居に対する考え方や選び方も変わります。特に、自分の学業や仕事が生活の中心となっている若いうちは「多少手狭で不便な環境でも家賃が安いなら妥協できる」と考えて住まいを選んでいた人でも、とりわけ結婚して子どもを持った場合には、「寝る場所さえあればいい」というわけにはいかないと思います。家族が安心して過ごせ、子どもを健やかに育てられる環境を、と考えるうちに、住まいに求める条件が複雑になってくるものです。

大人だけの世帯にとっては快適なエリアでも、必ずしも子育てしやすい環境とは限りません。家族3人や4人、もしくはそれ以上でもゆとりのある広さで、近くに子どもが遊べる公園や大型スーパーがあって、何より治安がよく落ち着いた環境で……と、条件を挙げ始めるといくつも出てくるのではないでしょうか。幼稚園や学校への距離、小中学校の学区の評判、共働きなら保育園の入りやすさや夫婦の職場からの距離も気になるところです。

また、終《つい》の住処《すみか》と思って購入した家だとしても、何らかの事情で手放す必要に迫られる可能性を考慮すれば、万が一物件を売りに出した場合にどれぐらいの値が付くのかという点（リセールバリュー）も見過ごせません。条件を多く満たそうとすればするほど家探しが難しくなるとともに、費用も嵩《かさ》みます。

家族が増えたり子どもが大きくなったりすると、それまで住んでいた家が手狭に感じるようになりますし、幼稚園や小学校へ通うようになるとその地域に子どもの友人や習い事をはじめとした生活の拠点が形成されるため、「一か所に家を構えて落ち着きたい」と感じるようになる人も多いようです。

経済的な面から見ても、ファミリー向けの賃貸物件は単身向けに比べて供給が少ないうえ、広さゆえに家賃相場も高いので、同水準の物件に住み替えるのであれば、低金利下では賃貸で家賃を払い続けるよりも購入して住宅ローンを返済する方が、月々の住居費を抑えられるケースが少なくありません。以上のような理由から出産や子どもの入園・入学前後はマイホーム購入を決意するピーク期といわれます。賃貸から購入にふみ切る家庭にとっては、住宅ローン減税など住居取得関連の支援策も後押しになります。

５年間で１・５倍に急騰した不動産価格

ところが、住宅価格は近年かつてない勢いで高騰しています。不動産価格の全国平均はこの10年あまりでおよそ4割も上昇しているのです。マンションに限れば、2023年4月には約2倍（2010年比192％）にも達しました。

中でもとりわけ高騰が激しいのが、東京を中心とした首都圏です。不動産調査会社の「東京カンテイ」のまとめでは、主にファミリー層向けである70㎡の中古マンションの売り出し平均価格は2023年2月に首都圏で4866万円を記録し、5年前の1・5倍近くになっています。大阪や名古屋といった都市圏でも上昇傾向が続いていますが、2020年以降の上昇カーブは特に首都圏で顕著です（東京カンテイ調査結果 中古マンション価格）。

中古以上に高騰している新築マンションが高くて買えないから、と物件探しを中古に切り替える人が増えた結果、中古の需要が高まっているのです。都内のファミリー物件を多く扱う不動産仲介会社イーエム・ラボ代表の榎本佳納子氏は、「10年ほど前は6000万円台だった都心の中古マンションが、今は9000万円台になっているケースもある」といいます。

需要の高い都心部での高騰ぶりはさらに顕著で、東京23区の中古マンションの平均価格は2023年3月以降、70㎡あたり7000万円超、千代田区・中央区・港区・新宿

不動産価格指数（住宅）の推移

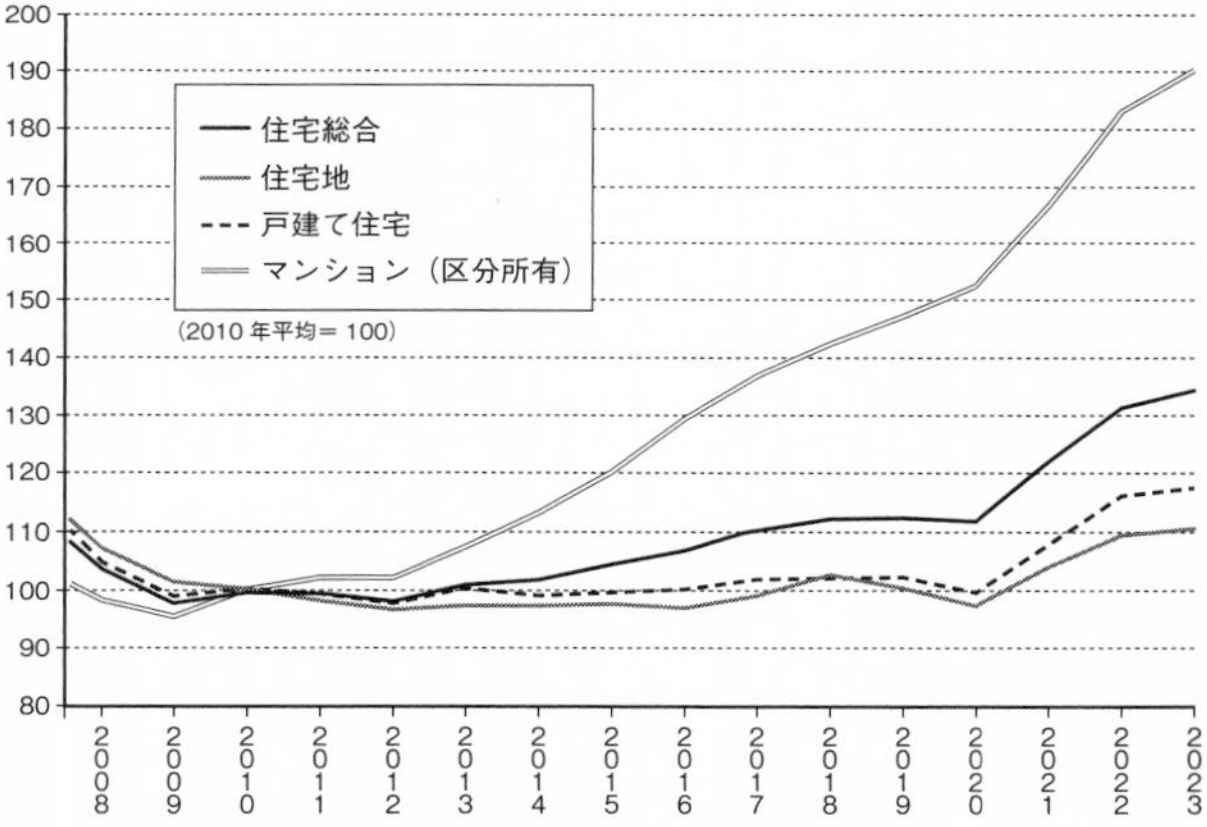

出所：国土交通省「不動産価格指数（令和５年３月・令和５年第１四半期分）」

区・文京区・渋谷区の都心６区にいたっては平均１億円を超えています（２０２３年９月現在）。築20年、30年といった物件でも新築時より数百万円から１０００万円以上高く売り出されていたり、リノベーション済のファミリー向け物件であれば築40年超でも１億円以上の値が付いている物件をいくつも見かけます。

年収１０００万円で「億ション」は買えるのか

購入のハードルがいっそう高くなっているのが新築物件です。首都圏の新築マンションの平均価格は２０２３年３月に１億４３６０万円と、単月で初めて１億円を突破しました（不動産経済研究所「首都圏　新築分譲マンション市場動向」2023年3月）。このときは港区で新築分譲された超高額物件が相場を押し上げた形でしたが、その後も23区を中心に平均価格が1億円前後で推移しています。

新築マンションは供給数が近年減少し続けており、常に需要過多です。加えて世界的な原材料価格の高騰により建築費も上がっているため、価格相場はバブル期を超えるほど高くなっています。

それでも都内の新築マンションは分譲開始直後の完売が相次いでいます。購入者には富裕層や投資家もいますが、新築分譲されるマンションの大半は3LDKのファミリー物件であることから、マイホームとして購入する子育て世帯も一定数いるようです。

「マイホームを買うなら新築を」と考える人もいるので、今や「億ション」は必ずしも「とてつもないお金持ちが買うもの」ではなくなってきているのかもしれません。

実際のところ、世帯年収1000万円で「億ション」は買えるのでしょうか。都内の不動産仲介会社エニスト代表取締役の杉山新太郎氏に聞くと、「低金利の影響で億近い価格の物件を購入することのハードルが下がっているのは確かです。10年前であれば年収2000万円はないと買えなかったが、今は年収1200～1300万円あれば1億円のローンを組むことはできる」と言います。

住宅購入を考えるとき、いくらくらいの物件なら買えるのかを判断する目安になるのが「年収倍率」です。物件価格に対する世帯年収の比率は、中古住宅では平均で６倍弱、新築住宅では7倍前後となっています（住宅金融支援機構　２０２１年）。年収１０００万円であれば物件価格６０００～７０００万円が目安ということになります。しかし中には「都内では7倍以上、なかには10倍というケースもある」（先述の榎本氏）と言い、そうすると、数字上は年収１０００万円で１億円の物件を狙うことも不可能ではないことになります。

この「年収倍率」はあくまでも目安ですが、実際の住宅ローンの借入可能額を大きく左右するのは、年収に対する年間のローン返済額の負担率（返済負担率）です。金融機関が物件価格に対する借入金の割合（融資率）や契約者の勤務先、勤続年数などから個別に審査するため一概にはいえませんが、多いのは15～20％、高くても40％程度が返済負担率の目安といわれます。

仮に年収１０００万円の人が借入金利１・５％で１億円を借り入れる場合（35年・元利均等返済）、返済負担率は36・７％になります。つまり額面の年収が１０００万円あれば、理論上はフルローンで億ションにギリギリ手が届く計算になるのです。

しかし実際は、返済負担率35％超という水準はかなり高負担で、借入額が1億円近くともなると、そう簡単には融資がおりないのが現実です。また、借入時の返済負担率が低くても、途中で収入が下がれば年収に占める返済額の割合は高まってしまいます。勤続年数や勤務先などの状況から、必ずしも年収が安定しているわけではないと判断されたり、共働き世帯が夫婦2人の収入でローンを返済する前提であれば、近い将来に産休や育休を取って収入が下がるリスクがあると判断される可能性もあります。そういった観点から、1000万円ぴったりに近い世帯年収で「億ション」を購入するケースはきわめてまれというのが実情のようです。

前出の2人も、1億円レベルの物件を購入するのは「世帯年収が2000万円以上のケースが中心」と口を揃えます。2023年現在、年収1000万円台の世帯が都内で購入する物件の価格は高くても7000～8000万円までで、「堅実にいくなら、物件価格5000～6000万円程度が理想」（杉山氏）だといいます。

ローン8000万円と5000万円、月々の負担の違いは？

しかし、都内のマンション平均価格が中古でも7000万円を超える今、決して高望みではなくても購入価格が高額になるケースがあります。では、物件価格によって月々の住宅ローン返済の負担がどれぐらい違ってくるのか、具体的な数字を見てみましょう。

27ページの表には、住宅ローンの借入額8000万円と5000万円で、35年返済、元利均等返済、ボーナス返済なしで借りた場合の返済額をまとめています。金利水準によって返済額が大幅に変わるため、執筆時点（2023年6月）での相場をもとに、固定金利と変動金利それぞれの一例を挙げて試算しています。

借入額8000万円を全期間固定金利で借りた場合、年利1・96％なら毎月の返済額は26万3370円になります。35年間での利息は総額3000万円以上になり、元金と利息を合わせた返済総額は1億円を超えます。

変動金利の場合は、固定金利に比べて金利水準が低いので、2023年6月時点で複数の大手銀行などで提示されていた適用金利0・475％なら、借入当初の月々の返済額は20万6786円です。固定金利で借りる場合に比べて月5万円以上安く済みます。

変動金利は将来の金利動向次第で月々の返済額や総返済額が変わるリスクがありますが、低金利下では、少々の金利上昇であれば固定金利よりも有利です。

仮に表のように35年間で適用金利が2ポイント上昇すると想定すると、毎月の返済額はのちに22～25万円台へ上がっていきます。それでも、表中の例では固定金利で全期間借りるよりも利息の負担額が1000万円以上少なくなります。そういった理由から、近年は変動金利を選ぶ人がおよそ72％を占めています（住宅金融支援機構「住宅ローン利用者の実態調査」2023年4月）。

とはいえ、借入額が8000万円となると変動金利でも月々二十数万円の負担になります。家族構成などの諸条件によって前後しますが、仮に年収1000万円で手取り収入がおよそ750万円とすると、単純計算で手取り月収は約63万円です。そうなると手取り収入の4割近くが返済のために毎月あてられることになりますし、金利が上昇すれば負担はもっとふくらみます。日銀の金融緩和策及び超低金利政策の転換が実現すれば、住宅ローン金利上昇の可能性もあります。

月10万円以上の負担の差も

次に、借入額が5000万円だった場合の返済額を見てみましょう。同様に計算すると、固定金利でも毎月返済額は16万4606円と、借入額8000万円の場合に比べて

借入額8,000万円、5,000万円の場合の返済額

		金利	借入額	
			8,000万円	5,000万円
固定金利の場合	毎月返済額	1.96%	26万3,370円	16万4,606円
	年間返済額		約316万円	約198万円
	総利息額		約3,061万円	約1,913万円
	総返済額		約1億1,061万円	約6,913万円

			金利	借入額	
				8,000万円	5,000万円
変動金利の場合	毎月返済額	当初5年間	0.475%	20万6,786円	12万9,242円
		6～10年	0.975%	22万2,324円	13万8,952円
		11～15年	1.475%	23万5,945円	14万7,466円
		16～25年	1.975%	24万7,366円	15万4,604円
		26～35年	2.475%	25万3,434円	15万8,396円
	年間返済額（※当初5年間）			約248万円	約155万円
	総利息額			約2,000万円	約1,250万円
	総返済額			約1億円	約6,250万円

筆者作成

毎月10万円近く低くなります。変動金利であれば月々13万円以下です。

金利動向、収入や貯蓄の状況次第で住宅ローンを繰上げ返済したり、より低い金利水準の住宅ローンに借り換えたりすると上記の試算通りにはならないため、一概にこの結果だけを見て借入額を抑えるべきだとは言えません。資産性の高い都心の駅近物件の場合、「物件価格が高い分、月々の支払い額は大きくなりますが、その代わり高額で売れる可能性もある」（先述の榎本氏）という期待もできるので、場合によってはのちの売却時に返済額の負担以上の収益を得られるケースもあります。そういった観点で、物件や立地によっては、少しぐらい返済が厳しくてもあえて高額物件をローンを組んで買うという考え方もあるかもしれません。

気を付けなければならないのは、売却時に値上がりすることを見越して無理をして高額物件を購入するという行為は「投資」であるということです。当然ながら、投資にはリスクが付き物です。期待に反して不動産相場が下落すれば思うように売れないかもしれませんし、自宅の評価額が下がって担保割れすれば、いざ住み替えをしたいと思ってもスムーズにいかない恐れがあります。予想外の展開になったとしても、家族の生活を守っていけるかどうかを十分に検討したうえで物件を選ぶべきでしょう。

5000万円で都心に家は買えるのか

前述のとおり、物件価格の許容範囲についてはさまざまな考え方がありますが、子ども の成長に伴って莫大な出費が予想される子育て世帯にとっては、住居費は抑えられるものなら抑えたい出費だと思います。では、価格5000〜6000万円程度のマイホームを手に入れることは現実的に可能なのでしょうか。

「超都心かつ広々とした新築もしくは築浅」といった、すべての理想を叶える完璧な物件は無理だとしても、いくつかの条件を妥協すれば希望に合う物件を見つけることはできるようです。探す際の主なポイントは①都心から離れる・駅から離れる、②築古にする、③広さを妥協する、の3点です。

①都心から離れる・駅から離れる

細かな条件による違いはありますが、都内でも都心や駅から離れた立地なら、70㎡以上の3LDKといったファミリー物件を5000〜6000万円程度で見つけやすくなります。先述の榎本氏は「23区でも、山手線外の中野区、杉並区、大田区などでは、この予算で3LDKが買えることがあります」といいます。

東京都下や神奈川県になると新築マンションでも平均価格が約5000万円台、新築戸建てでも平均5000～6000万円台となっています（2023年9月現在）。

都心や駅から少し離れるだけで、家族3人や4人、またはそれ以上でも広いリビングでゆったりとくつろぐことができ、子どもにはそれぞれに個室を与えられ、収納も豊富で荷物の心配もないような、都心の狭小マンションでは叶わなかった快適な空間が、日常になるのです。

職場が都心にある場合、職住近接は諦めることになりますが、郊外でも急行電車に乗れば都心まで1時間程度でアクセスできるエリアも多く、通勤は不可能ではありません。

コロナ禍以降、子育て世帯の多い30～40代では東京から周辺の神奈川県、埼玉県、千葉県への転出が転入を上回り、都心離れの傾向が見られた時期もあります（総務省「住民基本台帳人口移動報告」）。筆者の周囲にも、経済的に手が届く快適なマイホームに住むために、この数年で東京から、さいたま市、町田市、つくば市、流山市、幕張市などへ引っ越した例がありました。

しかし夫婦共働きの子育て世帯では、仕事との両立の面で現実的には難しいケースも少なくないはずです。夫婦ともに都心まで1時間かけて通勤するとなると、勤務時間がどのように設定されているかにもよりますが、仮に9時―17時を定時と考えると、子どもが未就学児なら朝8時前には保育園に送ってから会社に向かい、帰りは17時ぴったりに退勤して迎えに行っても通常の保育時間内に間に合うか、間に合わないかというところでしょう。フルタイム勤務で毎日必ず定時退勤というのは、仕組み上は可能な職場も増えてきていますが、業務が回るか、キャリア上の評価を維持できるかという面では正直なところ難しいと感じる人が多いのではないでしょうか。

多くの保育園は延長保育に対応していて、19時頃まで預かってもらえるところもありますが、毎日となると親子ともに体力的にきつく、帰宅した後のルーティンもかなりタイトになるはずです。また、ある一定の月齢までは保育時間が制限されていたり、延長保育が使えない場合が多いことにも注意が必要です。

自宅近くに祖父母が住んでいて子どもの送り迎えを頼める、ベビーシッターに依頼する、などの対応が可能であれば、話は変わってくるかもしれませんが、通勤に1時間以上かかる状態で夫婦2人だけの力で生活を回すには、夫婦が交代で在宅勤務をして早めに子どもの迎えに行けるようにするか、それが不可能であればどちらかがフルタイム勤務を諦め、時短勤務やパート勤務にせざるを得ないというのが大半の人にとっては現実だと思います。フルタイムから時短勤務やパート勤務に切り替えると収入はダウンするでしょうから、生活費や住宅ローン返済との兼ね合いを考慮することも大切です。

②築古にする

物件の築年数が古いものを選ぶことで、同じ地域、同じ広さの他物件よりも価格を抑えられることもあります。都内で新築や築浅のファミリー物件は1億円近くてとても手が出ないという場合でも、築30〜40年以上といった物件であれば地域・立地・広さなどにもよりますが、5000〜6000万円程度で見つかるケースがあるようです。

マンションの場合、リノベーション済の物件の多くはクロスやタイルが貼り替えられて新築と遜色ないほど室内がきれいで、現代の生活様式に合わせて間取りが見直され、無駄のない動線で生活できるようになっています。

築年数は経過していても建物が豪奢で、立派なエントランスや共用ロビーなどがあるマンションは「ヴィンテージマンション」とも呼ばれます。新しい建物にはない落ち着いた佇まいや管理体制の良好さが評価され、将来的に資産性の維持を期待できる物件もあります。

反面、内装はリノベーションされていても、廊下や玄関扉などの共用部は古いままで年季を感じることもあります。また交換から時間が経っていれば各種設備や給排水管の老朽化による漏水などのトラブルで、想定以上の修繕費用がかかる恐れもあります。

また、10〜15年に一度行われる大規模修繕では多額のコストがかかるため、物件価格は手頃でも、購入後に月々に負担する修繕積立金の額が高額な中古マンションもあります。居住中に長期修繕計画の見直しにより月々の修繕積立金の負担額が途中で引き上げられたり、大規模修繕の実施時に積立金が不足し所有者から高額の一時負担金を徴収せざるを得なくなる例もあるようです。先述の杉山氏によると、「築古物件の場合、建物規模や前回の大規模修繕からの経過年数などによるものの、修繕積立金の残高が5000万〜1億円あれば安心。前回の大規模修繕からある程度時間が経っているのに残高が1000〜2000万円の場合には注意が必要」だといいます。購入前の時点で、マンション管理組合で長期修繕計画や積立金の残高がきちんと管理されているかを確認しておきましょう。

築年数の古いマンションは耐震基準への対応状況によって住宅ローンを借りづらい場

合があることにも要注意です。特に建築年が1981年以前の建物は古い建築基準（旧耐震基準）が適用されているために担保評価が低くなることが多く、住宅ローンの審査が通りづらい、借入額に制限がかかるなどの傾向があります。長期固定金利のフラット35については借入対象外とされ、そもそも利用できません。

また、税金面で不利になることもあります。住宅ローンを借りているときに毎年の所得税や住民税が軽減される「住宅ローン減税」は、省エネ住宅の基準を満たさない物件だと借入額2000万円までしか減税対象になりません（基準を満たした場合は上限3000万円）。中古物件でも築浅なら省エネ住宅に該当するものがありますが、築古となると要件を満たしにくくなります。

加えて1981年以前に建てられた住宅の場合には、「耐震診断や補強工事をして所定の耐震性能がある」という旨の証明書がないと減税されないうえ、耐震基準を満たしていても書類の発行には数万円から十数万円の手数料がかかります。1982年以降に建築された住宅なら証明書不要なので、築年数が40年超になると減税を受けるためのコストや手間が増えてしまう可能性があるわけです。

以上のことから築古物件は、新築にはない注意点はありますが、新しさにこだわらない場合は、物件探しの選択肢を広げられるかもしれません。

③広さを妥協する

一般的にファミリー向けの物件というと70㎡程度以上が目安とされますが、物件価格は面積に比例して高くなりますので、広さを妥協するのも一案です。

どの程度の広さがあれば快適に暮らせるのか、感じ方には個人差があるところですが、一般論として、子どもが1〜2人程度かつ未就学児のうちは50㎡台でも無理なく暮らせる家族が多いようで、3人家族で45㎡、4人家族で50㎡という例もみかけます。

総務省「平成30年住宅・土地統計調査」によると、東京の住宅1戸あたりの面積は平均約65㎡と、全国平均の約92㎡に比べて3割も狭くなっていて、東京に住むという時点で、ある程度広さは諦めざるを得ないという面もあるかもしれません。

しかし、子どもが成長すれば身体も大きくなり持ち物も増えます。思春期にはプライバシー確保の観点からも子どもに個室を与える必要に迫られるなど、必要な住まいの面積は広くなる傾向があります。一方で、子どもが一人で学校や習い事、友人宅などに行けるようになり親の送り迎えの必要がなくなっていくにつれて、居住可能なエリアも広がるため、子どもが大きくなったら郊外の広い家に住み替えることを前提に、未就学のうちは通勤や送り迎えの利便性を重視して当面は広さを妥協した家選びをするのもひとつの手です。その場合には、リセールバリューを意識して、再販しやすい立地や間取りの物件を選ぶとよいのではないでしょうか。

それでもどうしても都心に家を買いたいなら

様々な事情から、たとえ高額であっても、どうしても条件を満たす物件を買いたいという場合、共働きであればペアローンを使う方法もあります。

ペアローンはひとつの物件に対して、夫婦がそれぞれの収入を基準にローンの債務者になり、2本の住宅ローンを組む方法です。夫婦それぞれの収入に対して借入可能額を審査されるため、どちらか一人だけが借りるよりも、借入額の合計を増やすことができます。一般的には夫婦どちらかが単独で借りる場合の1・5倍ほどの額まで借りられるケースが多いようです。リクルート「2022年首都圏新築マンション契約者動向調査」によると、共働き世帯の48%がペアローンで住宅ローンを契約していて、その中でも年収1000万円以上の共働き世帯に絞ると、73%もの世帯がペアローンを利用しています。

ペアローンには、住宅ローン減税が夫婦２人分適用されるというメリットもあります。たとえば夫婦それぞれ年収５００万円（世帯年収１０００万円）で借入額２５００万円ずつ（合計５０００万円）を借りて住宅ローン減税を利用した場合、初年度には２人それぞれで最大約14万円分の減税を受けられます（※中古一般住宅の場合。住宅の種類や金利水準、扶養家族数などにより正確な減税額は異なる）。マイホーム購入時には引越し費用や家電の買い替えなどで出費が嵩みがちですが、夫婦合わせて30万円近い税金が戻ってくるのであれば、それほど懐を痛めずにまかなえるかもしれません。

ローン返済中に死亡するなどして返済不能な状態に陥った際に、残債がゼロになる団体信用生命保険（団信）も、ペアローンの場合は夫婦それぞれで加入できるのもメリットといえます。基本的にほとんどの住宅ローンには団信がセットされていますので、住宅ローンを借りることで、いわば自動的にローン残高分の生命保険に加入するのと同じ状態になるとも言えます。

夫婦がともに家計の支え手なら、夫が死亡した場合にも、妻が死亡した場合にも家計収入が減少してしまいます。そこで共働きの場合は夫も妻も万が一に備えて生命保険に加入しておくケースがありますが、5000万円の住宅ローンをペアローンで2500万円ずつ借りれば、団信によりお互いに2500万円相当の保険をかけたことになります。住宅ローンでは基本的な団信の保険料は金利に含まれているため、特に低金利下ではお得に感じられます。

金利は上乗せされますが、死亡時だけでなく、がんなど特定の病気にかかったときや、病気やケガで働けなくなったときに住宅ローンの残高がゼロになる「がん団信」「特定疾病保障付団信」「就業不能保障付団信」などもあります。

不動産市況や個人の経済状況によって良し悪しはあるものの、マイホームを購入することで生命保険を見直して保険料を節約できるというメリットもあるかもしれません。

ペアローンの意外な落とし穴

反面、ペアローンには見過ごせないリスクもあります。夫か妻のどちらかが死亡した場合に、その人の債務はゼロになっても、相手のローンは残ることです。また、一つの不動産を共有するため、両者の合意がなければ売却も賃貸にもできません。そのため万が一、離婚となったときはトラブルになるおそれがあります。離婚後に夫婦どちらかが住み続けるのであれば、単独のローンに切り替える必要がありますが、元々ペアローンありきで高額の物件を購入していた場合などは単独での支払いは難しいかもしれません。

離婚というケースでなくとも、収入に対して返済額が高すぎる場合には家計を圧迫する恐れがあります。住宅購入時にはフルタイム勤務だった妻が産休や育休で収入が下がる、育休終了後に復職したものの育児の負担のために想定より収入が下がる、病気で休職をしたり転職をしたりして収入が下がるなどのケースが考えられます。また子どもの教育費が想定以上に嵩み、住宅ローン返済と両立して払っていくのが厳しくなることもあります。

夫婦2馬力の収入を生かせばマイホームの予算を上げられる可能性が高まりますが、こうしたリスクを十分に理解して、背伸びをしない資金計画を立てておくことが肝要です。

なお、借入の審査では貸与型の奨学金や携帯電話・スマートフォンの分割払いの残債が影響することは、夫婦どちらかが単独でローンを借りる場合もペアローンも同じです。また、クレジットカードやカードローン、マイカーローンなどの利用状況も信用情報として金融機関が住宅ローン審査のために確認します。延滞していたり、借入残高が多かったりすると支払い能力が低いと判断されて、希望する金額を住宅ローンで借りられない恐れがあります。

夫婦2人でペアローンにすれば1・5倍借りられると思っていたのに、住宅ローンの審査に出してみたら実は相手に負債があることが発覚して借りられなかったというケースもあるようです。ペアローンに限らずですが、夫婦でお金の隠し事はしないに越したことはありません。

10年前から様変わりした住宅事情

ここまでで述べた通り、現在の子育て世帯が大都市圏で住宅を購入するには、高額な住宅ローンに不安を抱えながら中心部に買うか、長時間の通勤を覚悟で郊外に住むか、リスクを取って築古にするか、狭い家に住むか、というような種々の妥協を強いられるのが現実です。しかし、いわば「あちらを立てれば、こちらが立たず」のような今の状況は、ずっと以前からのものというわけではないのです。

「10年前は都心でも70㎡の3LDKが5000～6000万円で買えた」と先述の杉山氏が言うように、不動産、とりわけマンションの価格はこの10年で特に都心部で急騰しました。

マンション情報サイトで都内の中古マンションの売買履歴を見てみると、大手デベロッパー分譲のブランドマンションでも、2010年には5380万円だった物件（世田谷区、3LDK、約72㎡）が2023年6月には7800万円で、2012年には5980万円だった物件（新宿区、3LDK、約70㎡）が2023年6月には9980万円で売り出されていました。同じように、10年前には5000万円台で買えたはずの物件が1億円近い額に値上がりした例がいくつも見つかります。

こうした事例からも、ファミリー層が都心に暮らす難易度が以前とは比べものにならないほど高くなってしまったことがわかります。

そもそも都心の物件価格がここまで高騰したことの一因は「共働き家庭による実需の増加」にあると言われています。しかし、（他にも要因はありますが）共働きが増えたことによって、共働きをするために便利なエリアの物件は、共働きで一生懸命お金を稼いでも到底買えないような場所になっているのです。このような皮肉な状況は、社会構造の急激な変化が招いた機能不全とも言えるのではないでしょうか。

「買えないなら賃貸」も厳しい

マイホームを購入したいのに金銭的な問題からやむなく賃貸暮らしをしている家庭も少なくありません。特に不動産価格が上がっている首都圏では、家を買いたくても予算に合う物件が見つからず買えなかったという人が賃貸に流れる傾向もあるようです。東京の持家率は45％で沖縄に次いで全国でワースト2、一方で借家率は49％と全国第2位であり、特に東京における「マイホーム」がいかにハードルの高いものかがよくわかります。

賃貸であれば、購入に比べてものすごく安く済むというわけでもありません。東京23区内のファミリー物件の相場（2023年8月現在）は築年数が浅めなら賃料が月25～30万円ぐらい、古い物件でも月20万円前後で見つかるかどうかという状況で、都内の不動産仲介会社エニスト賃貸営業部の八木原覚氏は「都心近くの家族4人で住める物件だと、賃料20万円を切ることはなかなかない」と言います。このような状況のため、東京でマイホームを買おうと物件を探すも予算に合わず、家探しを賃貸に切り替えたはいいが家賃相場も予想以上に高く、結局希望に合う家が見つからないという「住宅難民」が増えているようです。筆者の周囲にも、「本当は狭い家から引っ越したいけれど、賃貸も購入も高すぎてしかたなく今の家に我慢して住んでいる」という人が何人もいます。

もともと、ファミリー向けの賃貸物件は一人暮らし向けに比べて供給数が少ないので、特に子育て世帯に人気のエリアでは争奪戦状態になることすらあります。月25〜30万円台という賃料は決して気軽に即決できる金額とはいえませんが、賃貸募集情報が掲載されるや否や仮申し込みが殺到して、翌日には内覧すらできないという物件もあるほどです。申込者が多数いると貸主が貸し出す相手を選ぶので、内覧をして賃貸契約を申し込んでも、すぐに契約できるとも限りません。

子どもが生まれたから夫婦２人暮らしよりも広い家へ、子どもが大きくなって子ども部屋を作ってあげたいから部屋数の多いところへ、と思っても、希望のタイミングで条件に合う家を見つけることは、賃貸から賃貸に引っ越す場合でさえ簡単にできるものではないのです。

購入でも賃貸でも、特に子育て世帯が住居を確保するためのハードルは、物理的にも経済的にも、急激に高くなっているのです。

第２章　教育費　少子化でも過熱する「課金ゲーム」

子どもはぜいたく品なのか？

日本の子どもの出生数は１９７３年以降、急速に減少が続いています。戦後の１９４７年から49年の第１次ベビーブーム期には約２７０万人、高度経済成長の１９７１年から74年の第２次ベビーブーム期には約２１０万人だった出生数は、その後減少し、１９８４年には１５０万人を割り込みました。以降も下げ止まることはなく、２０２２年には国の見通しより10年も早く80万人を割ってしまいました。一人の女性が生涯に産む子どもの推計人数を示す「合計特殊出生率」は、１９４７年以降で過去最低となる１・26となりました（厚生労働省「人口動態統計」令和３年）。

少子化にはさまざまな要因があるといわれますが、経済的な問題は最も大きな理由の一つです。2021年に国立社会保障・人口問題研究所が行った、予定子ども数が理想子ども数を下回る夫婦を対象にその理由を尋ねた調査では、「子育てや教育にお金がかかりすぎるから」が回答のトップとなっています。特に妻の年齢が35歳未満では78%で、実に8割近くの人が経済的負担の大きさを理由に子どもを諦めていることになります。

そんな背景もあってか、一人っ子も増加しています。

ライフスタイルが多様になり、誰もが結婚して子どもを授かることを望む時代ではなくなっているとはいえ、「子どもを持ちたいと希望しても（理想の人数は）持てない」一番の理由が「お金がかかるから」というのはいささか悲しいことのようにも思えます。しかし、そうは言っても、子どもを育てるのに多額のお金がかかるというのは厳然たる事実です。

標準的な進路を歩ませるとしても、子ども1人を育て上げるには1000万円以上かかると言われています。一体何にそんなにお金がかかるのか、当事者にならなければなかなかイメージがわきづらいかもしれません。ここからは、子どもが生まれてから大学卒業までに、いくらかかるかを見ていきたいと思います。

進路別教育費

高校までの進路	幼	小	中	高	高校までの18年間教育費合計	大学4年間費用合計（大学種類）	大学までの22年間教育費合計
すべて公立	公	公	公	公	574万円	481万円（国公立）	1,055万円
高校だけ私立	公	公	公	私	736万円	690万円（私立文系）	1,426万円
小学校だけ公立	私	公	私	私	1,050万円	690万円（私立文系）	1,740万円
すべて私立	私	私	私	私	1,838万円	822万円（私立理系）	2,660万円

出所：下記をもとに筆者作成
幼稚園～高校：文部科学省「令和３年度　子供の学習費調査」
大学：日本政策金融公庫「令和３年度　教育費負担の実態調査結果」

すべて公立でも１０００万円超

子どもにお金がかかるというと、しばしば「公立に行かせればいいはず」と言われます。しかし現実はそう単純ではありません。まず、高校卒業までの費用を見てみると幼稚園から高校までの15年間、すべて公立に通わせても１人あたり平均総額５７４万円です。この金額は文部科学省が行っている調査によるものですが、近年上がり続けており、直近の令和３年度のデータでは３年前と比べて30万円以上高くなってしまいました。

ここには学校の授業料や入学金、学用品費、修学旅行の積立金、塾や習い事の月謝などが含まれていますが、教育費に絞ったデータなので、食費や日用品などの生活費とは別です。子育てをするには、日常生活費以外に教育費として数百万円規模のお金を支払っていく必要があるということです。

家庭の教育方針や地域性、子どもの希望などによっては、私立に進学することもありえます。高校で私立に進学すれば幼稚園から15年間でかかる総額は736万円、幼稚園からずっと私立に行けばなんと1人あたり1838万円にもなります。

これは子どもが高校を卒業する18歳までの費用ですが、その後に専門学校や大学に進学するのであれば、まだ出費の折り返し地点にすぎません。大学の場合はたった4年間で、それまでの18年分に匹敵する出費が待っています。大学や学部による差はありますが、授業料などの入学費用と4年間の在学費用を合わせた総額は国公立大学でも481万円、私立大学文系なら690万円、私立理系なら822万円にもなります（日本政策金融公庫「令和3年度　教育費負担の実態調査結果」）。

つまり、大学進学を前提とした場合、幼稚園から大学までずっと公立・国立に通ったとしても、22年間の総額にすると子ども1人に1000万円以上は必要ということです。途中で私立に進めば1500万円を超えるでしょう。子どもが2人、3人となれば数千万円という途方もない額になります。標準的な進路を選んだとしても、子どもを1人育てるだけで住宅や高級車に匹敵する金額がかかるのです。

少子化なのに親の負担が重い国

ところで、これほどの教育費は、すべて親が自力でまかなっていかねばならないのでしょうか。公的な支援があれば、いくぶんか負担は抑えられるはずです。

しかし、実は子育て世帯への公的な支援は決して十分とは言えません。子どもの教育コストは、社会全体でみると主に税金などの公的資源、親などの家計、そして民間団体や大学の奨学金制度などの私的資源の3つで支えられていますが、日本では長らく家計負担に比重を置く政策が取られてきたためです。特に大学など高等教育の費用は家計負担の割合が52％と高く、これは欧米を中心とした先進国38カ国からなるOECD加盟国の中でワースト5に入ります。

児童手当や出産手当、育児休業手当など家族関係の社会支出が対GDP比で約2％という数字も、少子化対策に成功したといわれるフランス（2・9％）やスウェーデン（3・4％）に比べて低く、出生率回復の目安とされる3％を下回っています。

2023年に岸田政権は児童手当の所得制限撤廃などを盛り込んだ「異次元の少子化

対策」を打ち出し、3兆円規模の予算を投じてこれをスウェーデン並みに引き上げるとしています。東京都では国に先がけ、2024年1月から18歳以下の子どもに月5000円を所得制限なしで給付することを決定してもいます。しかし、「はじめに」で触れたように、児童手当の所得制限撤廃と同時に所得税の扶養控除廃止も検討されており、子育て世帯への補助は世帯年収1000万円以上になると実質的にはほとんど効果が無いばかりか、むしろ負担増になるとの指摘もあります。

産むだけで50万円かかる

まず、子育ての入口となる出産費用が高額です。現在は帝王切開などを除けば、出産には保険が利かず、全額が自費扱いです。保険適用外のため金額は各病院が設定していますが、この10年で毎年約1%ずつ上がり続け、2020年度の全国平均は46・7万円となっています。

ただし、国からの補助はあります。子どもを産むと、2023年4月以降は国から子ども1人あたり50万円の出産育児一時金が支給され、入院時に手続きをしておけば、産院で支払う出産費用からこの分が差し引かれる制度もあります。また先述の「異次元の少子化対策」では、早ければ2026年度にも出産費用を公的保険の対象とすることも検討されています。しかし、この財源は働く人の社会保険料や高齢者の医療費負担の引き上げによって確保される見込みで、特に子育て世帯以外からの強い反発を招いています。

ちなみに出産にかかる50万円はあくまでも分娩やその前後の入院のみにかかる平均額で、個室や高級な産院、無痛分娩などを選んだからというわけではありません。そもそも子どもを妊娠すると出産まで定期的に妊婦健診や検査を受けることになり、補助制度はあるもののこれらの費用にも公的な保険は利きません。子どもを授かった途端に、大人だけの生活では思いもよらなかった出費が次々と発生するのです。妊娠や出産の時点でこれだけ出費が嵩むとなると、子どもを持つことはそれだけで「ぜいたく」と言われてもしかたがないことかもしれません。

なにより、子どもを一人前に育てるにはおよそ20年という長い年月がかかります。出産は子育て費用の序章にすぎません。それからの成長のあらゆる局面で、親は想像を超える出費に直面することになります。

未就学児でも習い事が当たり前？

子どもが小さいうちはのびのびと育てたい。子どもが生まれるまでは、そう思う人が多いのではないでしょうか。しかしいざ生まれてみると、わが子にいろいろな期待をかけてしまうのが親の性でしょう。

一般的には、3歳頃までは習い事をしている子どもは多くありませんが、4〜6歳になると56・1％が習い事をしています。小学校に上がる前に、半分以上の子どもが習い事を始めるのです。多いのは水泳（21・8％）、英会話・英語塾（12・6％）、体操教室（11・5％）、通信教育（10・5％）で平均して月に約1万1500円をかけています（学研教育総合研究所「幼児白書」幼児の日常生活・学習に関する調査（2022年））。

水泳は、小学校の体育で水に顔をつけるところから始めて徐々に泳げるようになるので、乳幼児期からわざわざお金を払ってスイミングスクールに行かせる必要はないのではと思いきや、最近は小学校入学時点で既に25メートル泳げる子どもがざらにいます。そのため、自分の子どもだけがまったく泳げないという状況に陥るのを避けたいと、就学前から水泳教室に通わせる家庭が少なくないようです。

英語も、かつては大半の人が中学生になってから初めて触れるものでしたが、今は著しく低年齢化が進んでいます。その傾向を加速させたのが、２０２０年度の小学校の学習指導要領の改訂です。小学３・４年生で外国語活動が始まり、小学５・６年生では英語が教科化されました。また、２０２１年度には中学英語の学習指導要領の改訂が行われ、中学1年生で習う内容が格段に難しくなりました。かつてならアルファベットや簡単な単語から始めていたところ、それらはすべて「小学校で習ったこと」とされ、いきなり複数の文法や単語を理解していることを前提とした難しい内容から学習し始めなければいけなくなったのです。

ピアノやスポーツ、習字やそろばん、そして最近ではプログラミングやロボット教室といったＳＴＥＡＭ教育（Science、Technology、Engineering、Arts、Mathematics の分野を横断的に行う教育の枠組み）に関連した習い事もあります。複数の習い事を掛け持ちすれば、月謝も膨れ上がります。

小学生になると、習い事をしている割合は7割以上になります。幼児期と同じように水泳（24・３％）のほか音楽教室（16・５％）や英語（13・８％）の割合も多いですが、受験や補習のための塾（16・３％）と通信教育（14・９％）が増えることが全体の割合を押し上げている要因の一つと言えるでしょう（同研究所「小学生白書」〔２０２２年〕）。

小学校に入ると、学校の授業についていくため、そして中学以降の受験のために、勉強系の習い事の優先度が高まってきます。幼児期には特に習い事をしていなかった家庭でも、小学生になると毎日習い事と塾で放課後の予定が詰まっている子どもも珍しくありません。

受験というと全国的には高校受験や大学受験が一般的でしょう。しかし、とりわけ都市部では小学校受験や中学校受験が過熱しています。先ほど触れたように、1975年以降の50年近くにわたり子どもの数は減り続けており、大学受験者数が減少傾向にある中で、幼児や小学生の小学校受験・中学校受験者数は増加しているのです。本来であれば受験をしなくても地元の公立小学校・中学校に通えるはずの義務教育課程で、あえて受験をさせる家庭が増えているのは、なぜなのでしょうか。

コロナ禍で過熱した小学校受験

小学校受験というと、芸能人や有名人の子どもが名門私立小学校に合格したというニュースが毎年のように流れ、「超がつくお金持ちや特殊な家庭の子どもがするもの」というイメージがあるかもしれません。しかし最近は、特に首都圏を中心に盛んになってきており、２０２２年（２０２３年4月入学）の首都圏の小学校受験者数は約2万５０００人と過去最高を記録しました（小学校受験情報サイト「お受験じょうほう」）。

広い意味での小学校受験は私立と国立の小学校の入学考査を指しますが、国立校は全国で70校ほど、私立小学校も２４０校ほどしかありません。うち約１００校は東京・神奈川・千葉に集中しています（文部科学省「学校基本調査」令和3年度）。ですから、ごく一部の地域に限った現象ではありますが、小学校受験の裾野は広がりつつあります。

共働きによって収入が増えた家庭で、受験費用や私立小学校の学費にも手が届きやすくなっていることや、共働き世帯の増加に合わせて学童を併設する私立小学校が増えていること、激化する中学受験の回避策として注目されていることなどから、富裕層というわけでなくても、子どもを小学校受験させる家庭が増えてきているといわれています。

先行き不透明な時代を見据えて、教科学習にとらわれない学際的・国際的な教育に力を入れている学校への関心が高まったこと、コロナ禍でいち早く私立校がオンライン授業を導入した一方で、公立校では一人1台のタブレット端末配布などのＧＩＧＡスクール構想普及の地域差が露見し、一部の親の間では公教育への不信感が募ったことも要因のひとつと考えられます。

小学校受験は中学以降の受験と比べて、受験できる学校の数も少なければ各学校の募集定員も少ないため、合格率は数倍から十数倍という学校がほとんどです。

小学校受験ではごくまれに、特別な受験対策をしていなくても合格する子どももいるにはいますが、この高倍率をくぐり抜けるため、ほとんどの場合は幼児教室に通い、みっちり対策をして臨むのが現実です。すると、やはり相応の費用が必要となります。

受験対策費用はブラックボックス

小学校受験対策をしてくれる幼児教室の基本授業料は、集団授業の場合、年少・年中児は月2~5万円程度、年長になると月5~10万円程度です。学習するのは算数、国語のような教科ではなく、大人が就職活動で受検するSPIなどの適性検査や、生き物や食べ物が複数描かれた絵の中から仲間はずれのものを選ぶなどのクイズのような問題が中心です。ペーパーテストがなく、遊びや体操などの活動の様子を見る行動観察や面接だけで合否が決まる学校もあります。

こうした試験のために、幼稚園の年中から2年間通うパターンが標準的です。期間を絞ったり、手頃な料金設定の教室を選んだりすれば、総額20~30万円程度で対策することも理論上可能ではあります。小学校受験に関心を寄せる家庭では、このくらいの受験費用の負担で公立小学校にはない施設やカリキュラムでわが子に小学校6年間を過ごす経験をさせられるなら、お金をかけるに値すると考える人も多いのですが、いざ蓋を開けてみると、それだけでは済まないことが少なくありません。有名小学校にどうしても入れたいという家庭では、幼児教室の基本授業料だけで100〜200万円かけるのもごく普通です。

受験本番の年長になると基本的なコースに絵画や体操、志望校別クラスなどのオプション講座が加わり、それに加えて季節ごとに春期講習や夏期講習、本番シーズン前の直前講習、模擬試験や教材費、出願用の写真撮影料、面接に着ていくスーツや靴、そして志望校の出願料など、出費が増えます。ほかにも、親の送り迎えの交通費や行動観察や面接対策としての自然体験や旅行など、挙げればきりがありません。すべてを合わせると、出費は300万円以上になったという家庭も珍しくありません。

ここまで読んでいただければわかるように、小学校受験には普通の習い事とは比べものにならないほどの費用がかかります。受験に限らず、勝負事となるとお金の出ていく勢いが格段に変わるのが世の常です。この時期の子どもは素直ですし、親の考え方次第で対策にいくらでもお金が注ぎ込めてしまいます。それが小学校受験の恐ろしいところでもあるのです。

入学後も出費は続く

そして、忘れてはならないのが小学校入学後のことです。私立小学校の授業料は年間100万円前後が普通で、公立ではかからない施設費も年間数十万円規模で必要です。子どもを私立小学校に通わせる家庭の66％は世帯年収1000万円以上です（文部科学省「子供の学習費調査」令和3年度、以下同）。公立小学校では20％弱ですので、経済的な背景がずいぶん違うことがうかがえます。小さな子どもにあからさまに経済格差を突き付けるのも酷な話ですが、世帯年収1000万円の家庭でも私立小学校に入れば相対的に見ると決して余裕のある方とは言えなくなるかもしれません。

実際、子どもを私立小学校に通わせている家庭に話を聞くと、週末には必ず外食をする、誕生日に盛大なホームパーティをする、夏休みには海外に旅行やプチ留学に行くなど、経済的なゆとりが感じられます。保護者会の帰りには保護者同士でホテルのラウンジでお茶を飲むのが定番になっているなど、おつきあいに一定の出費を伴うこともあるようです。学校外のことと割り切ることは不可能ではないかもしれませんが、6年間の小学校生活で友人たちと比べて惨めな思いをしない程度の経験を子どもにさせてあげるためには、学校外でもそれなりの出費を覚悟する必要があるでしょう。

小学校受験をさせる家庭には、中学受験を回避するために小学校での受験を選ぶ人もいます。大学の附属校なら中高一貫校や大学まで内部進学できるところが多いため、一度入学してしまえばもう塾に行く必要がなく経済的と思われがちです。しかし、実は必ずしもそうではありません。小学生のうちにかける塾代は公立よりも私立に通う子どもの方が高額です。

公立の小学生の学習塾費の平均は年間約8万円ですが、私立では約27万円と3倍以上の差があります。その上、私立小学校に通わせる家庭では、入学直後の1年生時から既に平均年間17万円以上の学習塾費をかけているのです（文部科学省「子供の学習費調査」）。経済的に余裕があり、教育熱心な家庭が多いという事情はもちろん、附属の中高への内部進学枠が限られている学校では進学のために一定の成績を保たなければならないため、早くから塾に行かせるケースもあります。小学校受験を突破しても、塾代から逃れられるわけではないのです。

また、首都圏では外部の難関中学を受験することを前提としながら、受験対策が手厚く環境の整った私立小学校に入学させるという家庭も少なくありません。

小学校に入学したら、受験するか否かの意思決定を含めて次は中学受験が待っています。中学受験は受験できる学校数が多いので小学校受験に比べると定員が多いとはいえ、受験生の数も桁違いに多いので激戦です。受験対策に必要な学習量も、お金の負担もいっそう増えます。

「父親の経済力と母親の狂気」

中学受験の実情を描き、「父親の経済力と母親の狂気」のセリフで話題になった漫画『二月の勝者─絶対合格の教室─』はドラマ化もされ、累計発行部数が300万部を突破するなど、中学受験はもはや社会現象といっても過言ではないほどの過熱ぶりです。

首都圏模試センターによると、2023年の中学受験者数は首都圏合計で5万2600人で、この少子化時代にあっても受験者数が増え続けています。中学の入学定員に対して志望者が増加しているため、全体の合格率は年々低下し、難関校を中心にますます狭き門となっています。

東京23区では小学生のうち私立中学校に進学する子どもの割合は19・４％です。国立・都立一貫校に進学した子どもや受験はしたものの公立中学に進学した子どもを含めると、受験率はもっと高いはずです。特に教育熱心な世帯が集まる東京都心部の文京区（49％）や港区（41・５％）では、半数近い割合の子どもが私立中学に進学しています。こうした地域では、難関中学が入学試験を行う２月１日には６年生の教室が欠席者だらけという話もままあります。

なぜ、ここまで中学受験を選択する親子が増えたのでしょうか。人によって理由は様々ですが、後述する大学受験の難化により、高校３年間では受験対策が間に合わないという考えや、高校受験を避けて中高６年間は部活などにじっくり取り組めるようにしてあげたい、という考えなどがあるようです。

小学校受験ではまれに家庭学習だけで合格するケースもあると述べましたが、中学受験は塾無しでの合格は、ほぼ不可能といわれています。一般的には小学３年生の２月から通い始めるのがスタンダードですが、近年は低年齢化しています。関東の場合、特に男子校の「開成」「麻布」「武蔵」、女子校の「桜蔭」「女子学院」「雙葉」は中学受験における「御三家」と呼ばれ、これらのトップ校やそれに連なる新御三家などの難関校を目指す場合には1年生から通塾するのも当たり前になっています。御三家への進学実績トップを誇る中学受験専門塾サピックス小学部の一部の校舎では、入塾テストが行われる年長の春休みの時点ですでに1年生クラスが満員になるという話があるほどです。

以前、御三家への進学者が多いことで有名な都内の公立小学校の運動会に行ったとき、競技の出番を待つ小学生数名が「おい、〇〇くん、この前のクラス分けテスト、どうだった？　何クラス？」「おれ、アルファクラス」「お！　いいなぁ！」と話していました。徒競走や綱引きでめいっぱい力勝負をする運動会の舞台裏ですら、子どもたちが塾のクラス分けの話題で盛り上がるほど、中学受験は子どもたちにとって当然の過程であるかのようでした。

私立中学校に進学する子どもの世帯年収を見ると、年収1000万円以上が6割近くを占めますが、一方で42％は年収800万円以下で、私立小学校の進学者と比べると世帯年収の分布は中間層寄りになっています。中学受験は、とりわけ大都市圏においては「特別なもの」ではなくなりつつあるとも言えます（文部科学省「子供の学習費調査」）。

しかし通塾費用は、決して安いとは言えません。低学年の間は大手塾の場合で月に1～2万円程度ですが、本格的な受験対策が始まる5年生になると授業頻度が週3回、6

年生の前半には週４、夏休み明けからは週５回や６回という具合に増え、授業料も算数・国語・理科・社会の４教科で月に５～６万円に上がります。高学年になると夏期講習や冬期講習、模擬試験も増えてくるので、その都度これらの費用も必要です。

今の中学受験で必要な勉強量は膨大で、親世代が中学受験経験者であっても当時の３倍などともいわれます。難関校でなくても、特に算数では大人でも対策をしていなければ手も足も出ないような難問も出題されるため、進度の早い塾では５年生までに６年分の学習を済ませ、６年生ではひたすら問題演習と過去問に取り組みます。

一問の正答の差が合否に直結することもあるため、ぬかりなく勉強するために６年生では志望校別コースや弱点克服コース、日曜特訓や正月特訓、塾によっては合宿もあり、その都度別途費用がかかります。加えて、授業内容が難しくついていけなかったり、志望校の偏差値に成績が届かない場合は、１時間あたり５０００～１万円程度かかる個別指導塾や家庭教師で補うこともあります。週１回１時間ずつでも月に２～４万円、直前期に連日数時間利用すれば数十万円になることもあります。受験本番までにかかる費用は標準的には３年間で２００万円が目安といわれますが、その半分以上は６年生時の１年間での出費です。

「お金さえ出せばいい」わけじゃない

見過ごせないのが経済面以外での親の負担です。塾への送迎、家庭学習への伴走、志望校選びや説明会への参加、出願手続き、試験会場の下見や本番当日の送迎、併願校選び、受験前後の子どもの精神的なケアなど、親の献身的なサポート、そして戦略とフットワークなくして、小学生の子どもが中学受験を乗り切ることは難しいといわれます。働いている親も、受験期には有給休暇を消化したり時短勤務に切り替えるなどの対策をして、親子総出で挑むのも珍しくない光景です。

受験戦争の激化につれ、1人の受験生が受験する入学試験の数と受験料の負担も増加傾向にあります。2023年の中学受験生1人あたりの受験校数は平均6・92校です。私立中学の入学試験の受験料は都内平均で2万3897円で、7校受験すれば総額17万円近くなります。近年は午後入試や2次募集を行う学校が増えて、同じ学校を2回以上受験したり、午前と午後ではしごをすることで10校近く受ける受験生も増えてきています。

併願校と第一志望校の受験・合格日程次第では、滑り止めの学校へ入学金を納めることもあります。平均で約26万円という私立中学の入学金は結果的に別の学校に進学することになっても戻ってこないことが多いのですが、決して気軽に手放せる金額とは言えません。これらを合計すると、中学受験にかかる費用の総額は300万円を超えてもおかしくありません。

以前、あるセミナーで教育ジャーナリストのおおたとしまさ氏が「中学受験は、わざわざ大金を払って親の不安を買う経験だ」と述べていましたが、膨大な費用と時間、そして狂気にも似た熱量を投下して、心臓が破れそうなほどの不安を経験する意義は、当事者以外にはなかなか理解できないことかもしれません。

高騰する学費

受験でさんざんお金を使っても、そこは始まりに過ぎません。各地の私立中学・高校は近年学費を値上げしています。東京都内の私立中学校では、入学金（平均26万3020円）と1年生時の授業料（平均49万2209円）を合わせた初年度納付金の平均額は2023年度で98万9125円です。値上げをする学校が相次いでいて、過去5年間だけでもほぼ毎年1％ずつ上がっています。私立校では施設費として数十万円のコストも加わります。

高校でも状況はほぼ同じです。都内の私立高校の初年度納付金の平均額は２０２３年度で95万６９１８円で、こちらも毎年約１％ずつ上昇しています。都内２７１校中21校は５％以上、なかには30万円近く値上げをした学校もあるほどです。

都内に限らず、大阪府でも２０２３年度に中学３校、高校９校が授業料を値上げするなど、各地で私立中高の値上げが行われています。

学校の環境整備や先生たちの待遇を考えれば、経済全体がインフレ局面に入っている今、値上げは致し方ないことだと思います。とはいえ学費を払う親の立場でみると賃金上昇以上の学費の値上げは負担が重くなる一方です。

中学・高校になると、授業料や入学金といった学費だけではなく、通学の交通費やクラブ活動にもお金がかかるようになってきます。参考書などの図書費や修学旅行の積立金なども、小学校時代より嵩みます。学費とこれらの諸費用を合計した学習費の総額は、中学・高校それぞれの３年間で公立校は平均およそ50万円、私立は１００～１４０万円です（文部科学省「子供の学習費調査」）。

私立中学については東京都で年間10万円の補助制度（２０２３年度～）、また高校には全国的に国の授業料無償化制度（大阪府では上乗せの補助制度）がありますが、現在はいずれも所得制限が存在します。ごく一部の学校が独自に設ける奨学金や特待生入学などの制度を除けば、世帯年収1000万円以上の家庭が利用できる支援制度は現在のところ、ほとんどありません。

「親と同レベルの学歴」のハードルはこんなにも高い

中高以上にお金の負担が重いのが大学です。大学の授業料や通学費、教材費などを合計した在学費用の平均額は国立で年間約104万円、私立では150万円以上です。国公立大学4年間で500万円近く、私立大学なら文系で690万円、理系で822万円もの在学費用がかかります。しかも、この金額は年々上昇しています（日本政策金融公庫「令和3年度　教育費負担の実態調査結果」）。

かつて国立大学はほとんど学費がかからないイメージがありましたが、今は違います。1975年度には3万6000円だった国立大学の授業料は、平成の初めには33万9600円に、令和の現在では53万5800円と、約15倍にまで上がりました。入学金28万2000円と合わせて、国立大学に入学した初年度は80万円ほどのお金が必要です。

大学授業料と民間企業の平均月収額

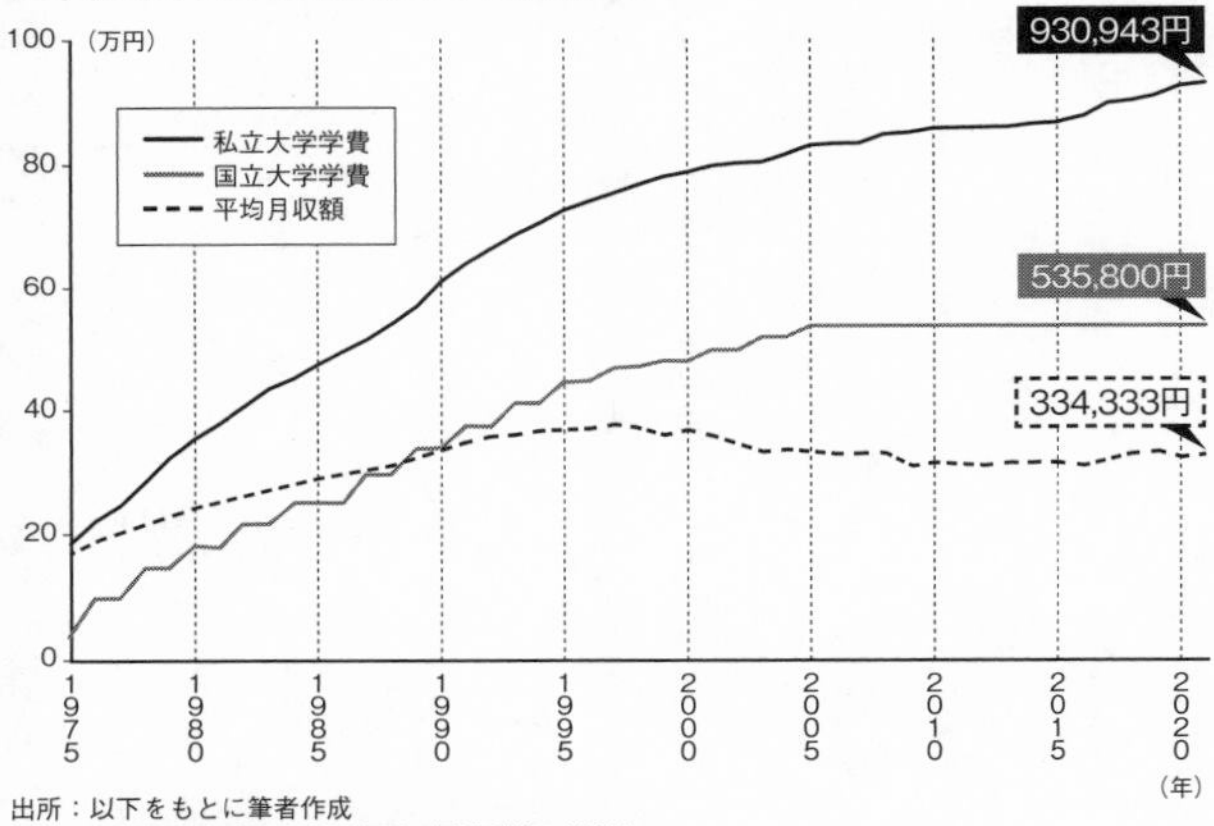

出所：以下をもとに筆者作成
文部科学省「国公私立大学の授業料等の推移」
国税庁「民間給与実態統計調査結果」

私立大学も、同じく１９７５年度の18万２６７７円に比べて、２０２１年度には93万９４３円と、授業料の平均額は５倍以上になりました。入学金や設備費は低下傾向にありますが、学生の負担総額は重くなっています。

加えて、遠方の大学に入学して自宅外から通う場合には仕送りも必要です。学生寮やアパートの家賃、水道光熱費、食費、日用品費などを合わせると、１カ月に平均約12万円の生活費が必要で、このうち約７万円を親が仕送りで支えているのが、自宅外通学の大学生の実態です（全国大学生活協同組合連合会　第58回学生生活実態調査　概要報告）。

しかし近年は親にゆとりがなくなってきているのか、親からの仕送り額は右肩下がりになっています。大学生の生活費は上がってきているにもかかわらず、月に10万円以上の仕送りをしている家庭の割合は1995年に約62％だったのが、2021年には約28％にまで落ち込みました。賃金が上がらないうえに大学費用が高騰し、親の経済力だけでは子どもが親元を離れて進学するのは相当難しくなったことをうかがわせます。

大学生の2人に1人が奨学金利用

そんななかで増えているのが奨学金の利用です。今、大学生（昼間部）の49・6％は奨学金を利用しています（日本学生支援機構）。奨学金というと、かつては低所得の家庭の学生が利用するものというイメージがあったかもしれませんが、現在は学生の半数が奨学金を活用しているのです。

世帯収入別に見れば奨学金を利用している学生は収入が低い世帯ほど多く、年収900万円以上の世帯では24％にとどまってはいますが、その裏には、誰でも奨学金を借りられるわけではなく、親の所得による利用制限が存在するという事情もあります。家族構成や進学先が国立か私立か、自宅から通うか一人暮らしかにより収入基準額は細かく上下しますが、多くの場合、年収1000万円前後がその足切りラインになります。

日本で最も多くの学生が利用する日本学生支援機構の貸与型奨学金は、子ども本人の学力のほか家計収入が選考基準になります。専業主婦と会社員の親で、子ども1人の場合は年収1009万円、子ども2人なら年収1100万円、3人なら1300万円が上限の目安とされ、親の年収がそれ以上なら借りられません。他の奨学金制度も使えなかった場合、大学の費用は親の収入や貯蓄、または子どもがアルバイトをして工面していくことになります。

大学生の収入にアルバイトが占める割合は1970年以降、増加を続けています。全国大学生活協同組合連合会の調査によると下宿などをする学生の収入の約4分の1をアルバイトが占め、平均金額3万2340円という数字は、10年前に比べて1万円も高くなっています。また、仕送りなど家庭からの経済的支援がない、もしくは家庭からの給付だけでは修学が困難だという理由でアルバイトをしている大学生は約3割という報告もあります（日本学生支援機構「令和2年度　学生生活調査報告」）。

コロナ禍では飲食店などが休業してアルバイトができず、収入が絶たれて大学の学費が払えなくなったという学生のケースが複数報じられていましたが、大学の学費を親だけで支えきれず、子どもが稼いでギリギリでまかなう例は珍しくないのです。

特に私立大学や自宅外通学の場合には高額な費用がかかるため、全額を自分たちだけで用意するのは難しい家庭も多いはずです。筆者はかつて大手予備校で働いていた経験がありますが、理系のクラスでは経済的な事情から途中で学費の安い文系へ転向するケースもありました。奨学金の利用可否が影響したかどうかはわかりませんが、子どもの大学進学はイメージ以上に負担が大きいことなのかもしれません。

そもそも奨学金を借りられたとしても、卒業後に子ども自身が返済していかねばなりません。大学は親が行かせるところではなく、子どもの自助努力で行くところ、という位置づけになってしまったということなのかもしれませんが、貸与型の奨学金を利用すると社会人のスタートから借金を背負うことになりますから、利用については慎重に考える必要があります。

ちなみに国の奨学金には返済（返還）が不要な給付型奨学金もありますが、こちらは主に低所得者向けの制度です。２０２４年には拡充が予定されていますが、それでも世帯年収６００万円程度までしか想定されておらず、年収１０００万円層は圏外です。

少子化の一方で大学や学部の新設で入学定員が増え、大学の志願者数を上回る「大学全入時代」ともいわれています。2022年度の大学進学率は56・6％と過去最高を更新しました。しかし、子どもを大学に通わせる経済的なハードルは親世代が大学に進学したころよりも高くなっているのです。

私大定員減で少子化でも過熱する受験戦争

少子化の影響で定員割れする大学が出てくる一方で、人気の難関大学の競争は激化しています。いわゆる早慶上理（早稲田、慶應、上智、東京理科）をはじめとした難関私立大学では、かつては国立大学に合格者が流れることを見越して合格者数を定員よりも多めに出してきましたが、国は大学に対して定員管理の厳格化を求め、定員を大幅に超える入学者を受け入れた大学には助成金を交付しないなどの措置を取っています。そのため私立大学の一部は2016年以降、合格者数を絞り、合格率が下がってきています。

2021年からはセンター試験に代わり大学入学共通テストが導入されるなど、大規模な入試改革が行われています。知識を暗記していれば解ける問題から、思考力や判断力、表現力が問われる問題に方向転換されました。また各大学が行う個々の入学試験でも、知識に加えて思考力や判断力、主体性を評価する選抜方法に変わりつつあります。

試験形式の変更がすなわち入試の難化につながるわけではありませんが、受験生には昔よりも幅広く、奥深い知識と思考力が求められるようになりました。学習塾の講師に聞くと、昔のように受験直前の追い込み勉強で難関大学に一発合格するというようなことが難しくなっているといいます。このような受験対策の長期化、複雑化が塾や予備校にかかる費用の増大につながるという見方もあります。また、総合型入試や学校推薦型入試などを見据えれば、高校時代に行う研究や海外への研修、留学などの体験にお金をかけたかどうかが大学進学の選択の幅を左右するケースも増えるかもしれません。

東大生の親の半数以上が年収950万円以上

そうは言ってもお金をかけた分だけ単純に成績が上がるわけでも、高学歴が手に入るわけでもない、と思いたいところですが、やはりある程度は経済力がものを言うのでは、と思わせるデータがあります。「東京大学の学生の親の半数以上が年収950万円以上」というものです。同大学が学生の実態を調べた報告書によると、学生の11・4％は生計を支える親などの世帯年収が950〜1050万円、42・5％が1050万円以上といいます。調査年による変動もありますが、2000年以降ほとんどの年で、年収1000

0万円超レベルの世帯が半数以上を占める結果になっています。

もちろん学校や家庭の学習だけで東大入試を突破できる人も一定数いますが、中高時代に塾に通って対策をやりこむのも、特に首都圏では一つのセオリーとなりつつあります。御三家などの中高一貫校では中学に入学するや否や、今度は東大を目指してまた受験塾に入る子どもが大勢います。

東大への進学実績は、高校や中高一貫校の人気に色濃く反映されると言われています。そのため進学校のなかには大学受験対策に力を入れ、塾無しで東大を目指せることを謳う学校もあります。しかし御三家をはじめとした難関中高一貫校でも、学校で手厚い大学受験対策をしてくれるとは限らないため、都市部では受験対策のために塾に通う子どもが大半です。都内では東大受験対策塾のなかでも鉄緑会が有名ですが、英語は平岡塾、数学はSEG、などというように教科ごとに複数の塾を掛け持ちする生徒も多いようです。これら有名塾の授業料も、英語と数学の2科目で月に2~4万円前後かかり、高校3年生では年間で100万円近いところもあるようです。

中学受験にさんざん出費したかと思えば、中高でも高額な学校の授業料を負担しながら、さらに塾代を払う。そうしなければ目指す大学に入れず、そして入った大学の学費も高い。一連の教育費事情を俯瞰してみると、進路や地域事情による個人差はあるとはいえ、子どもを一人前にするには、なんとお金がかかるのかを痛感させられます。

このように、大学の学費自体が値上がりしているだけでなく、私大の定員減や入試改革の影響で受験対策にかかる費用も増加傾向にあり、単純な費用という意味でも、受験にかける労力という意味でも、ハードルは何段階も上がっています。

ひと世代前の大学受験の感覚で「せめて自分たちと同じぐらいの学歴を」と考えて子どもの教育に投資する方は多いと思いますが、入試の難易度も費用感も、すでに以前とは別のステージにきているという前提を理解して臨む必要がありそうです。

親が稼ぐほど子どもが損をする

ここまで、子どもが生まれてから大学卒業までの教育費と親の負担感をみてきましたが、ところどころで目に付くのが「所得制限」というワードです。子育てにかかるお金の負担が重くなるライフステージではその都度、国や自治体からの公的な支援を受けられるのかと思いきや、そこには所得制限という壁がある。そしてその壁は多くの場合、（世帯）年収1000万円前後の家庭に立ちはだかる、ということに気づくはずです。

たとえば高校の授業料には国の無償化制度があり、全日制の公立高校なら授業料と同額の年11万8000円、私立では最大で年39万6000円が支給されます。しかし専業主婦と高校生2人の会社員家庭の場合で目安年収950万円を超えると所得制限の対象となり、利用できません（厳密には住民税額に応じて決まる）。私立高校に通っている場合は公立向けよりも支給額が上乗せされますが、そのための親の年収水準は640万円までと、公立よりも所得制限が厳しくなっています。

共働き世帯の場合は年収基準が異なり、先ほどと同じく高校生2人の家庭で両親がともに会社員なら、目安となる年収上限は夫婦合算で約1070万円です。子ども2人の場合は専業主婦（夫）家庭でも共働き家庭でも、およそ年収1000万円前後がボーダーラインになることがわかります。

大阪府では国の制度とあわせて高校の授業料負担がゼロになるしくみもありますが、補助の内容は親の収入によって差があります。子ども1人で親の年収が590万円未満、授業料が年間60万円の場合には実質の自己負担がゼロ、年収800万円未満までは自己負担20万円、年収910万円未満までは自己負担48万1200円となり、年収910万円以上になると補助の対象外になります（2023年度現在。2026年度から見直し予定あり）。

中学生まで国から支給される児童手当にも所得制限があります。2023年現在は3歳未満は月1万5000円、3歳以上は月1万円（第3子以降は3歳から小学校修了まで月1万5000円）が原則支給されるものですが、子ども2人と専業主婦がいる会社員家庭の場合は目安年収960万円、子どもが3人なら年収1002万円を超えると、受給額がカットされ、月5000円になります。前者と同じ条件で年収1200万円を超えると、児童手当はゼロになってしまいます（2024年度中に所得制限撤廃予定あり）。

月に1万円や1万5000円の収入は、世帯年収が1000万円を超える家庭にとってはたいしたことはない、という考えもあるかもしれません。しかし、子どもが生まれてから中学卒業まで約15年間の支給総額は約200万円になります。これは大学でかかる費用の1〜2年分にもあたりますが、その分を国に支援してもらえるか、親子が自分で準備しなければならないかというのは大きな違いです。

ちなみに共働きの所得基準は、夫婦で会社員、子ども2人の場合には、夫または妻の年収が約917万円までが満額支給の対象です。世帯年収にすれば約1800万円とい

扶養控除額と控除対象扶養親族の年齢

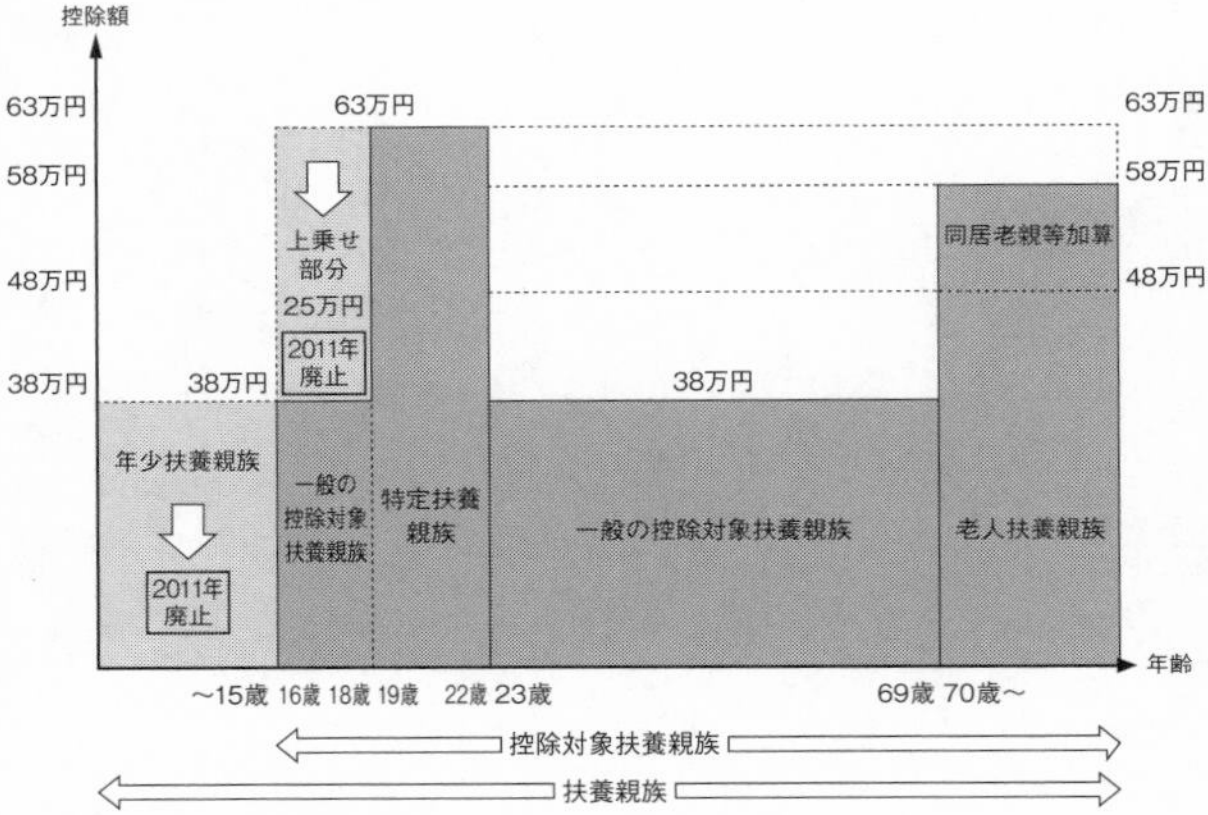

出所：国税庁「Ⅱ　主な税制改正について」

うことになりますので、専業主婦家庭に比べると児童手当の面では有利といえます。

「子育て罰」を可視化する扶養控除制度

現在議論されている児童手当拡充が実現した場合、一部の子育て世帯の税負担がかえって増える可能性も指摘されています。現行の制度では高校生にあたる16歳以上19歳未満の子どもを扶養する世帯では、所得税では38万円、住民税では33万円の「扶養控除」の適用を受けられます。適用することで課税対象になる所得額を減らし、税が少なくなる仕組みです。しかし児童手当の拡充と引き換えに、この扶養控除が廃止または縮小されることが検討されています

（2023年10月現在）。

そもそも、今ある児童手当は、かつて存在した「年少扶養控除」の代わりに支給されるようになったものです。年少扶養控除とは過去に所得税にあった制度で、2010年までは15歳までの子ども1人につき38万円が扶養する親の所得から控除されていました。ところが児童手当の導入を名目に、2011年の税制改正によって廃止されてしまいました。しかも、年少扶養控除は所得にかかわらず子どもが16歳未満であれば適用されましたが、児童手当では所得制限が設けられてしまったのです。児童手当をもらえる世帯にとっては、年少扶養控除がなくなったかわりに児童手当が支給されるようになったといえますが、所得制限の対象世帯では単に増税されただけというわけです。

同時に、16歳から19歳の子どもを扶養している人にはそれまで子ども1人につき63万円の扶養控除が使えましたが、こちらも38万円へと引き下げられてしまいました。税の負担増は高校無償化によって補うということでしたが、こちらも所得制限が設定されて一部の世帯はいつのまにか恩恵がまったくなくなってしまったのです。

最も教育費負担の重い大学生時期である19歳から22歳の子どもについては、今でも「特定扶養親族」として1人63万円の扶養控除を受けられますが、高校生までは税の負担が重いうえに、親が高所得だと国の給付も受けられないわけです。

なお、23歳以上の子どもを扶養している場合には今でも扶養控除は1人あたり38万円ですし、70歳以上の親などなら48万円、同居していれば58万円です。同じように家族を養っていても、高齢の親なら扶養控除を受けられるのに子どもならゼロというのはいささか不公平に感じてしまいます。

共働き世帯のジレンマ

単純な所得制限とは違いますが、共働き家庭の家計を左右するのが保育料です。0歳から2歳までの認可保育園の保育料は所得が高いほど月額保育料が高くなっています。国の基準では年収1000～1200万円程度（住民税の所得割額が39万7000円以上）になると保育料の金額区分が最上位になり、第1子の場合で保育料は月額約10万円になります（実際の保育料は各市町村が定めていて、それほど高くはならない地域もある）。

保育料の区分は世帯合計の所得で判定されるので、夫婦共働きの会社員なら年収が夫600万円・妻500万円などでも区分が最上位になる可能性がありますが、高所得者の多い地域では所得区分を年収2000万円、3000万円などまで細かく設定して、保育料を段階的に高くしているところもあります。また、年収1000万円が必ずしも保育料負担のボーダーラインになるわけでもありません。

加えて第2子の保育料は半額、第3子以降は無料、そして3歳児以降の保育料や幼稚園代は原則として全員が無償化の対象です。東京都では2023年10月以降、0～2歳の第2子の保育料を完全無償化するなど、自治体独自の上乗せ補助の動きもあります。これらの制度では現在のところ親の所得制限はありませんが、将来どうなるかはわかりません。

子育て時期には産休や育休を取ったり、時短勤務にしたり、フルタイムの仕事を辞めてパートに変わったりと、親の働き方や収入が大きく変わる可能性があります。およそ20年に及ぶ子育て期間中、ずっと世帯年収1000万円以上を維持し続けるのは簡単ではありません。しかも、皮肉なことに、親が歯を食いしばって稼げば稼いだ分だけ、重い子育て費用への公的な支援を受けにくくなるのです。

特に仕事と子育ての両立に悩みがちな共働き世帯にはそのジレンマに突き当たる家庭が多いのではないでしょうか。ならば、いっそのこと仕事をセーブして公的支援を享受しつつ、時間的余裕を持って子育てする方がいいというのも、ひとつの考え方です。仕事と子育ての両立を推進しておきながら、共働きで世帯収入が一定以上に上がった子育て世帯には厳しいというのが、今の国のしくみなのです。子どもが生まれてから大学を卒業するまでずっとこの状態が続くと考えると、子育てと仕事の適正なバランスについて、悩んでしまう親も多いはずです。

「頑張ればなんとかなる」に悩む1000万円世帯

子どもにどのような教育を受けさせるかは、ある程度の年齢までは親の教育方針によるところが大きいものだと思いますが、地域差も切り離せない要素のひとつです。

小学校受験や中学受験をするか否かは、なかでもとりわけ大きな選択となります。都市部など私立の学校が多い地域では私立校が進路の選択肢に加わりやすいですし、公立信仰が強く教育熱心かつ優秀な子どもを持つ親ほど名門公立校を望むという地域もあります。

同級生のほとんどが、そのまま地元の中学に進学する地域では中学受験を視野に入れて考えることさえ少ないと思いますが、一方で「クラスのほとんどが塾に通って中学受験するのが当たり前」という学区に住んでいれば、親も子も自分たちだけ塾に行かずに

6年生まで過ごすことに、むしろ精神的に負担を感じてしまう例も見聞きします。中学受験ともなると、本人の意思も無視できません。経済的な事情から親は「できれば公立で」と思っていても、子どもから「仲の良い友達はみんな塾に行って受験するのだから」と言われることもあります。経済的に明らかに難しい場合はともかく、頑張ればなんとかなるという家庭の場合、悩んだ末に受験を決意する親も多いはず。

この「頑張ればなんとかなる」の難しい決断に直面しがちなのが世帯年収1000万円前後の家庭なのです。特に兄弟姉妹がいる場合、全員を中学から私立に入れることを考えると決して容易に決断できることではありませんが、絶対に不可能とも言い切れません。東京都では2023年から私立中学に通う子どもを対象に年間10万円の補助を開始しましたが、目安世帯年収の上限が910万円という所得制限があり、これもかえって悩みの種となる可能性があります。

こうした地域性の違いは教育費のかけ方にも影響しているようです。文部科学省の「子供の学習費調査」からは、都市の規模が大きいほど学習費が高いことが明らかです。人口10万人未満の市町村の小学生の学習費は年間約28万円なのに対して、100万人以上の市や23区では約47万円と、20万円近い差があります。

この違いの大きな要因のひとつが塾です。年間の学習費のうち学習塾代を比べると、10万人未満の市町村の小学生は平均4万5000円ほどですが、100万人以上の市と23区では16万円になっていて、その差は4倍近くにもなります。中学生でも2倍近い差があります。大都市に住むほど住居費や生活必需品の物価も高くなりがちですが、先に述べたような事情で塾代などの教育費をかけざるを得ないのかもしれません。同じ年収1000万円でも、どこに住むかによって生活に必要なコストが違うのは想像がつきやすいことだと思います。それに加え、環境によってそうせざるを得ないものも含めて、結果的にかかる教育費の額にも歴然とした違いがあることがわかります。

第３章　生活費　見落とされがちな「共働きにかかるコスト」

上がらない賃金、上がり続ける物価

長年続いてきたデフレ経済から一転して、モノの値段が上がり続けています。２００７年以降ずっと０％を前後していた消費者物価指数の増加率は２０２１年に世界的な原材料価格とエネルギー価格の高騰による物価高を受けてプラスに転じ、２０２２年には日銀の目標値であった２％を突破しました。

その後も物価上昇は止まらず、２０２３年は食品だけでも累計３万品目以上が値上げされています（帝国データバンク「食品主要１９５社」価格改定動向調査）。粉ミルクや紙おむつなど、子育てに関わる品目に絞った「赤ちゃん物価指数」は、約７％も上昇しているという試算もあります（２０２３年５月　浜銀総合研究所）。

電気代やガス代の負担もかつてないほどに重くなっています。東京電力など大手電力会社は２０２３年６月使用分から家庭向けの電気料金を３～４割値上げしました。標準的な使用量のモデル世帯での電気料金は１万１７３７円（東京電力の場合）となり、過去20年ほどで最高額を記録しました。広めの戸建て住宅に住む人やファミリー世帯では「電気の使用量はそれほど変わっていないにもかかわらず、電気代がいきなり10万円になった」などという驚きの声も聞かれます。

原材料価格やエネルギー価格の高騰に加えて円安の影響もあり、物価上昇の流れはこの先も当面続くとみられています。ごく平均的な暮らしをしていても、生活にかかるコストは今後もさらに上がり続ける可能性があります。

生活コストが上がっている一方で、働く人の実質的な賃金は目減りしています。国税庁の「民間給与実態統計調査（令和３年）」によると、会社員（給与所得者）の平均給与は年収４４３万円。２０２３年４月の給与の実質賃金は前年同月比マイナス３％で、２０２２年４月以降ずっとマイナスが続いています（厚生労働省「毎月勤労統計調査」）。

長期的に私たちの収入を目減りさせてしまっているのが税金や社会保険料です。この20年あまりで消費増税や社会保険料の引き上げが続き、家計の目に見えない支出は確実に増えています。所得税や住民税といった直接税と健康保険料や年金保険料を合わせた「非消費支出」の変化を見ると、世帯年収1000～1250万円の世帯の場合では2000年には年間約165万円だったのが、2022年には約225万円にまで増えています。勤め先からの収入に占める非消費支出の割合を見ても、約19％から約23％へ上昇しました。それだけ、税や社会保険料が家計を圧迫しているということです（総務省家計調査「年間収入階級別1世帯当たり1か月間の収入と支出」）。

このように税や社会保険料の負担が増えたうえに物価高で生活コストも上がっているわけですから、今の年収1000万円世帯の経済力はかつてに比べてずっと弱くなったことがわかると思います。

疲れ果てた「パワーカップル」たち

このような状況のなか目につくのが、共働き世帯の増加です。「女性活躍推進」といったポジティブな側面で語られることも多い話題ですが、前述のような状況を鑑みると、経済的な事情からやむを得ず共働きを選択している家庭も少なくないという現状が想像できます。この本のテーマである「世帯年収1000万円」と一口に言っても、夫婦2

人がそれぞれ平均年収に近い約500万円ずつを稼ぎ、やっとのことで家族を養っている家庭が少なくありません。

一方で、世帯年収1000万円以上の共働き夫婦は、情報感度や購買力の高さから「パワーカップル」と呼ばれることがあります。「パワーカップル」という言葉からは、気力・体力に溢れた、金銭的にも精神的にも余裕のある共働き夫婦の姿が浮かびますが、当事者に聞くと、その実態は言葉が持つイメージとは懸け離れているといいます。

都市部で子育てをする場合、子どもの進路や地域によっては世帯年収1000万円でも金銭的余裕がないことは第2章でお話ししたとおりですが、それにプラスして共働きでの育児には、職場にアクセスの良い住居にかかる住居費や、仕事中に子どもを預けるための保育料、日々の家事をこなすための家電製品の購入やサービス費用などの金銭的負担はもちろん、精神的・肉体的負担という意味でも相当のコストがかかります。キャリアを重視し、仕事が好きで働いている人もたくさんいますが、一方で家計のためにやむなく共働きをしている人も一定数いるのが現実ではないでしょうか。

筆者自身、10年以上共働きをしていますが、同じような境遇で子育てをしている親たちの様子を間近で見てきました。早朝から深夜まで、仕事と家事・育児に追われて一息

消費者物価地域差指数（総合）（都市）

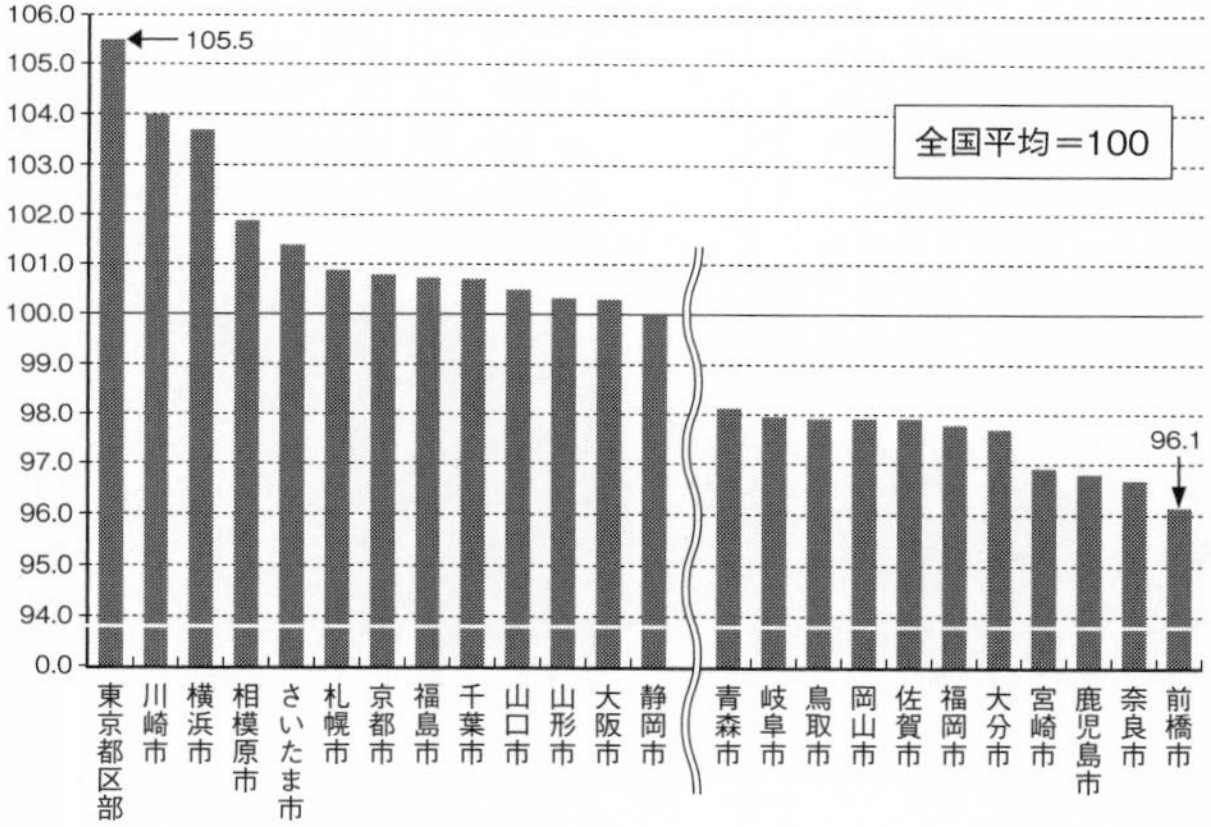

出所：総務省「消費者物価地域差指数2022年（令和4年）」（一部省略）

つく間もないこの生活を、お金の心配さえなければ、もうやめてしまいたい。そんな思いがしばしばよぎるのは筆者だけではないようです。

都市と地方、生活費は本当に違う？

生活の負担感は、物価の安い地域に住めば抑えられるかもしれません。感覚的に、都会は地方に比べて物価が高いと想像が付くと思いますが、実際にはどれくらい違うものなのでしょうか。地域別の消費者物価指数をみると、最も高い東京都区部（105・5）と最も低い前橋市（96・1）では10ポイント近い差があります。地域差の要因の大部分は家賃などの住居費ですが、教育費や娯楽費、食料、家具・家事用品などの生活費目が、東京都や神奈川県などの都市部では総じて高くなっています。第1章では不動産価格が高騰してとりわけ首都圏での住居費の負担が重くなっていることをお話ししましたが、住居費の高い地域では生活費も嵩むことがわかります。

夫婦と子ども2人の4人家族で生活する場合、東京都区部では物価水準が比較的安いといわれる東京都練馬区で賃貸住まいというモデルケースでも、子どもが幼児と小学生の場合で年間648万円、大学生と高校生なら年間964万円が最低でもかかるという試算もあります（東京都最低生計費試算調査結果）。

習い事の費用で比べてみても、都市部とそれ以外での差は顕著です。たとえば、幼児の習い事としてはダントツで人気の水泳教室ですが、ある全国チェーンのフィットネスクラブにおけるスイミングスクールの「幼児クラス・週1回」の料金を比較すると、港区にある教室では月額1万6000円以上なのに対し、地方都市では月8000円弱と実に2倍もの差があります。別の大手学習塾チェーンでも東京・神奈川とそれ以外で月謝に差が付けられています。同チェーンの教室で、提供されるサービスの質に大きな差があるとも考えられないため、おそらくは地価の差が月謝に反映されているということでしょう。

他の習い事を見てみても、総じて都市部になるにつれて月謝が高く設定される傾向にあります。

東京都で小学生までの子どものいる世帯の年収割合をみると、年収１０００万円以上世帯は２０１７年度時点で21・２％で、４年前調査時に比べて増えているというデータもあります。東京で子育てをするために必要なコストは年々高くなっていて、そのために必要な年収のハードルも上がってきているのかもしれません。


年収が高いと希望の保育園に入れない？


以前、「保育園落ちた日本死ね」という１人の母親の匿名ブログが国会で取り上げられるほど話題になりました。深刻な少子化の最中にもかかわらず、保育園に入ることさえできないというこの国の現状を嘆く切実な叫びは、賛否両論ありつつも多くの人の注目を集めたのです。

保育園の利用を希望しており、かつ保育の必要性が認定されているにもかかわらず入園ができていない待機児童の人数は２０２２年４月１日時点で２９４４人と、前述のブログが書かれた2016年の2万3553人から比べると約8分の1という数にまで減りました（厚生労働省「保育所等関連状況とりまとめ（令和4年4月1日）」）。しかし、待機児童の現状には大幅な地域差があるため、今なお保育園に入りにくい場所もあります。

保育園数が多い地域なら何の懸念や苦労もなく預けられるのかというと、そういうわけでもありません。保育園を選ばなければどこかには入れる状態ではあっても、希望する認可保育園には入れないというのはよくある話です。

認可保育園への入園は、親の働き方やきょうだいがいるかどうかなど、保育の必要性を細かく指数化した点数によって可否が決定されます。地域によって細かなしくみは異なりますが、一般的には両親それぞれの就労形態や就労時間数などを点数化したものが基準指数、きょうだいがいる、既に認可外施設へ預けている、同居する祖父母がいる、両親どちらかが単身赴任中、などの個別事情を点数化したものが調整指数となり、両者を合わせたものがそれぞれの家庭の持ち点数となります。

したがって、調整指数として加点、もしくは減点される事情が特にない場合、両親がフルタイム勤務の共働き家庭はほぼ全て同点数で並ぶことになります。その場合のルールは自治体によってさまざまですが、人気のある保育園を希望すると、点数の高い人から定員が埋まっていくのに加えて、同じ点数でも所得の低い人から先に内定とされる場合が多いので、収入が高いほど行きたい保育園に入りにくい傾向があります。

園の環境や先生たちの雰囲気は良いか、園内は清潔か、毎日のびのびと過ごせるような園庭などのスペースはあるか、などももちろん気になりますが、現実問題として重要視するのは、自宅や最寄り駅から近く、毎日の通勤と登降園を両立できるかどうかという点だと思います。しかし、希望園には入れず遠方に通わざるを得ない、もしくはきょうだいが別園になって送迎の手間が増大してしまうケースも少なくありません。

筆者も2つの別の園に子どもを預けていたことがありますが、自宅を出てそれぞれを保育園に預けて職場に辿り着くまで毎朝3時間以上かかっていました。往復で6時間です。決して珍しいことではなく、周囲には同じような人が何人もいました。近年は事業所内や駅近・駅構内に開設される保育園も増えてきていますが、どこの地域にもあるわけではありません。

そこまでして保育園に通わせるのは、子どもを預けられなければ仕事に復帰できないからです。どれほど喫緊に育休を終了して働かなければならないかは事情によって個人差がありますが、働く意思も必要もあるのに働けない状態が長く続くのは、収入減やキャリアの断絶のリスクにもつながりかねません。この先、子どもが大きくなったときに待ち受けている教育費の負担や住宅ローンなどを考えると、できるだけ早く復帰して稼がなければ家計が危ういという人もいるでしょう。

待機児童対策は全国的に進められており、確実に成果もあげています。しかし2022年10月からは、その財源確保のために年収1200万円相当以上の世帯への児童手当の特例給付が廃止されたという側面もあります。所得が一定以上の世帯はただでさえ保育園に入りにくいうえに、自分たちの給付をカットされなければ問題解決をしてもらえないのかと複雑な思いを抱いた人も多いのではないでしょうか。

認可保育園に入れない場合には、認可外保育園やベビーシッターなどを利用する方法があります。認可保育園への申込では、待機児童になると点数が上乗せされて翌年度に有利になる地域が多いので、それを見越して早めに認可外保育園やベビーシッターを利用して職場復帰し、希望の認可保育園に入るための待機児童ポイントを意図的に獲得する人もいます。

民間企業などが設置・運営する認可外保育園の多くは保護者の点数や年収は問わず、利用する日数に応じた料金設定になっています。週に5日、朝から夕方まで利用すると月に5～9万円程度、0歳児だと10万円を超えるところもありますが、認可外だからといって全て自己負担しなければならないということはなく、国や自治体からの補助制度は意外に充実しています。国の補助制度では、2歳児クラスまでは住民税非課税世帯のみですが、3歳児以降は全員が対象となり最大で月3万7000円の補助が受けられます。上乗せの補助がある自治体も多く、その場合、国の制度ではカバーされない0～2歳児クラスも対象になっていることがほとんどです。世帯年収1000万円以上の家庭であっても保育料の負担が月に6万円近く軽減される地域もあり、実質的な負担額は施設が設定する保育料よりもかなり軽くなります。

自治体により事情が異なるので一概には言えませんが、一定収入以上の世帯の認可保育園の保育料が7～10万円近くと高額な地域では、場合によっては認可保育園に預けるよりも認可外保育園の方が安くなるケースもあります。認可保育園の保育料負担が予想以上に高くなりそうなときには、認可外に通った場合の保育料と受けられる補助の額を一度調べてみるといいのではないでしょうか。

病児保育に月10万円

無事に保育園に子どもを入園させても、困難は続きます。子どもが熱を出せば保育園から呼び出しの電話がきて、親は仕事を切り上げて駆けつけねばなりません。園にもよりますが、一般的には子どもの体温が37・5度以上になると発熱と判断され、預けられなくなります。解熱後24時間経つまでは登園できないという園も多く、一度発熱してしまうと、その後すぐに解熱したとしても少なくとも翌日は保育園を休ませなければなりません。

子どもの発熱は心配なことですし、そんな時ぐらいは仕事を休んで看病をしてあげたいところです。しかし、時に病気の子どもと休めない仕事との板挟みになってしまうことがあるのも働く親の現実ではないでしょうか。有給休暇が残っていれば休むこともできるかもしれませんが、あっという間に消化してしまい、もうこれ以上休めないと頭を抱えたことがある親は少なくないはずです。

発熱や病気などで通常の保育園に登園できないときに利用できる病児保育には、専門の保育園や診療所に預ける施設型と、病児に対応可能な保育士やベビーシッターが自宅に来てお世話をしてくれる訪問型のサービスがあります。市区町村から利用料の補助を受けられるものもあり、施設型の一部は補助を受けると1日の利用料が2000～3000円程度と比較的手頃です。しかし施設の受け入れ枠は限られており、特にインフルエンザや風邪が流行する時期は希望する日に預けられないこともままあります。

民間の病児専門のサービスは多くが訪問型で、各家庭に保育士が派遣されます。月会費型の病児保育サービスが主流ですが、通常のベビーシッターサービスの病児割増料金を払うことで対応してもらえるところもあります。前日や当日の緊急依頼やインフルエンザなどの感染症の場合、さらに料金が上乗せ／割増されるところも多く、筆者があるベビーシッターサービスの病児保育を利用したときには、1日5時間の利用で補助がなければ2万円近くかかりました。最近は利用者増や例年以上の感染症の流行で、時期によっては当日朝にはすでに予約がいっぱいで、依頼自体できないこともあります。

利用できても、子どもの風邪の治りが悪かったり、きょうだいで相次いで体調を崩したりして、どうしても仕事を休めずに何日も集中して利用した結果、病児保育だけで月に10万円以上になったという話も聞きます。ただでさえ子どもの病気時に仕事に行くのは心が痛むうえに、在籍している保育園の保育料とは別に病児保育料がかかってしまえば、精神的にも経済的にもダメージです。

コロナのような感染症を除けば、一般的には子どもが大きくなるにつれて少しずつ病気にかかりにくくなり、病児保育を利用せざるを得ないという場面は減ってきます。とはいえ、子どもが赤ちゃんの頃から仕事に復帰する場合、特に入園直後からしばらくは怒濤のように保育園で風邪やインフルエンザなどにかかることが多く、想定外の有給休暇の消化や病児保育への出費を覚悟しておく必要がありそうです。そもそも0～2歳までは認可保育園の保育料もかかりますから、出産から職場復帰、そして子どもが成長するまで、教育費との両立もふまえて家計収支の見通しを立てておくことが重要です。

「小1の壁」で共働きを諦める親たち

未就学児の頃は時間管理や体力面でかなりの負担と不安に苛まれることがありますが、数年たって小学生になると、子どもが風邪をひく回数も減ってきて、共働きでの子育てもなんとかなるのではないかと思い始める人も多いでしょう。

そんな希望もつかの間、子どもが小学生になると、朝から夕方まで、長期の夏休みや冬休みもなく子どもを預かってくれる保育園がいかに恵まれた環境であったかを痛感することになります。未就学児のうちはなんとかなっていたはずなのに、小学校に上がった途端どうにもならずに共働きでの子育てを諦めてしまう。それが「小1の壁」です。

2023年3月、「#学童落ちた」というハッシュタグがツイッターのトレンドに入りました。前述の「保育園落ちた日本死ね」から7年経ち、今度は「学童落ちた」のトレンド入り。多くの働く親たちが溜め息をもらしたことでしょう。

時を同じくして岸田首相は、公設の学童である放課後児童クラブの待機児童が1・5万人いることについて言及し、「待機児童解消を目指し、『小1の壁』の問題にも向き合っていく」と発言しました。

このように、新たな社会問題となりつつある「小1の壁」ですが、ただ施設が増えれば解決するという単純な問題でもなさそうです。「壁」の本当の原因はどこにあるのでしょうか。

小学生になると下校時間が早く、入学したての1年生はお昼前には帰ってきます。2学期以降になると午後の授業が増えてきますが、それでも3時頃には下校するのが一般的です。保育園のように毎日、朝から夕方まで子どもを学校に預けることは原則としてできません。

かつての共働き家庭には自分で鍵を持って親が留守の自宅に帰宅する「カギっ子」が

多くいましたが、昨今は防犯上の観点から特に低学年の子どもに一人で留守番をさせることは少なくなりました。

そのような共働き家庭の子どもたちのために、上述の学童保育施設（放課後児童クラブ・育成室）があります。学校から子どもが直接学童へ行けば日中に一人で帰宅することはありません。多くは校内に設置されているか、離れていても学童の先生が放課後の時間に合わせて学校へ迎えに行ってくれます。公設の学童でも基本的には下校後から17時〜18時30分前後まで過ごすことができるので、利用すれば保育園時代とほぼ同じように、親がフルタイムで仕事をしていても自宅外に子どもの居場所を確保することができます。利用時間中に勉強の時間が設けられている施設も多いので、宿題を済ませてから帰宅させることも可能です。

しかし、施設の面倒見の良さにもよりますが、学童できちんと宿題を仕上げてくる子ばかりではありません。低学年のうちは抜け漏れがないかのチェックや答え合わせなどには親のサポートが必要です。また宿題だけではなく、小学校に上がると子どもが自宅で済ませておくべきタスクが一気に増えます。翌日の時間割に合わせて教科書とノートを全科目分ランドセルに揃えるだけでも、毎日忘れずにやるのは簡単ではありません。

図工の授業で使うトイレットペーパーの芯を用意するとか、鍵盤ハーモニカのホースのパーツを洗っておくといった小さなタスクも挙げればきりがありません。多くの子にとって、小学1年生のはじめはまだ自分で身の回りのことをしたり、時計を見て自ら進んで宿題を始めるようなことは難しいので、小学校生活をつつがなく過ごすという一見なんでもないことも、きちんと実現するには、親が全く関わらないわけにはいきません。

夕食の支度や家事をこなしながら、子どもの宿題や持ち物の準備のサポートをするのは、子どもの性格や人数などにもよりますが、親にとっても一仕事です。自身の本業で働いた後のことともなると、親が疲れないはずがありません。

小学生になれば習い事や塾通いも増え、教育費の出費が増えがちです。そのためには仕事をして少しでも収入を確保したいというのが本音でしょう。しかし、あまりに忙しい生活に限界を感じて、子どもが小学校1年生になったタイミングで泣く泣く仕事を辞めるケースは、共働きの家庭では少なくない話です。

子育てと仕事の両立について論じられるときには、主に育児休業の充実や待機児童対策についてなど、子どもが生まれた直後や幼児期に目を向けられることがほとんどでした。その結果、第一子の出産後に仕事を継続している妻の割合は38・３％と、２０００

年代の初めから10ポイント上昇していて、産前から働いていた人のなかでは半数を超えています（内閣府　令和4年版少子化社会対策白書）。その点では、未就学の子どものいる親が仕事と子育てを両立しやすい環境整備は確実に進んできていると言えそうです。

しかし子育てと仕事の両立はそれで終わりではありません。学習や学校生活のサポート負担も増えるので、小学校に上がってからの方がむしろ親は仕事をしづらくなる面もあるのです。

民間学童の利用料は公設の10倍？

希望した公設の学童施設に空きがない場合は民間の施設を利用する方法もあります。民間の学童施設は、21時や22時まで子どもを預けることができたり、晩ご飯を出してくれたり、学童から習い事への送迎もしてくれたりと、公的な学童に比べて保育内容が充実しています。親の仕事中に施設内で子どもに習い事や宿題、受験勉強までさせられることを売りにしている民間学童も多数あります。子どものお世話から勉強の指導まで、かなりの部分を親の代わりに担ってくれますから、手厚い民間学童に通わせている保護者に聞くと、「小1の壁」にもそれほど直面せずに済んでいるようです。

ただ、その分料金は高額です。公的な学童施設は地域により月額数千円から1万円程度で利用できますが、民間学童は週5日利用すると月に4～6万円が相場です。送迎や習い事、塾などのサービスの利用料が別途必要な場合には、費用が月に10万円近くになるケースもあります。

それでも、保育園時代よりも早く下校する子どもの居場所を確保するために、どうしても学童に入れなければならないという状況は、多くの共働き世帯が直面する課題です。入会申込後に公的な学童施設に入れることになって入会を辞退しても、入会金が返金されない民間学童もありますが、それを覚悟で申し込む人も少なくありません。

実家に頼れるかどうかは「隠れた格差」

学童に行かせても、それだけで「小1の壁」問題がすべて解決するとは限りません。今度は「子ども自身が学童に行きたがらない」という問題が出てくることがあるからです。保育園のように全員が夕方まで一緒に過ごすわけではなく、学童を利用していない子どもたちは学校が終われば家に帰っていくのに、「なぜ自分だけ学童に」という思いを抱くのは自然なことですし、友達関係の悩みやトラブルも起こり始める時期です。

実際、学童に入れたもののしばらくすると本人が行くことを渋るようになり、早々にやめてしまったという話をしょっちゅう聞きます。多少無理をしてでもお金を出してサービスの手厚い民間学童に行かせさえすれば、小1の壁を乗り越えられるのではと期待していても、子どもにとって学童が必ずしも居心地の良い居場所になるとは限りません。親の努力とお金だけではどうにも解決できない問題です。幼い子どもの子育てとは違う、小学生ならではの難しい局面といえます。

しかし、もし実家を頼れるのなら話が違ってくるかもしれません。自宅から実家が近ければ、学校帰りに子どもが祖父母宅に立ち寄って親の帰りを待つという選択肢もあり得ます。当然ながら祖父母が心身ともに健康であり、かつ本人たちの同意があって初めて取り得る手段ではありますが、他人と違って気心の知れた家族なら安心して子どもを預けられますし、かわいい孫が日常的に家に来てくれるとなれば、喜ぶ祖父母も多いでしょう。

筆者の周囲でも、小学生に限らず実家が子育ての多大な縁の下の力持ちとなっている例が数知れません。「スープの冷めない距離」というように近隣に住んでいる人だけでなく、事あるごとに電話1本で実家の親が新幹線で駆けつけている家もあります。

頻繁に預ける場合は多少のお礼を渡す人もいるでしょうが、民間学童に預けたりベビーシッターを利用したりするのに比べればはるかに安く済むので、ある知人は「経済的にもかなり助かっている」と本音を漏らしていました。

いざとなったときに頼るあてがあるというだけでも、親の精神的な負担はかなり軽減されます。子どもがいると、仕事の繁忙期や急なトラブル対応が発生したときでも上司や同僚に頭を下げて定時で帰らなければなりません。そんなときに「最後の手段」として祖父母を頼ることができれば、親のストレスはまったく違ってきます。子どもの発熱で保育園や学校から呼び出しがあったときに、問答無用で即座に早退しなければならないか、とりあえず祖父母に引き取りに行ってもらえるかというのも大きな違いです。最近は、そんな「孫育て」をリタイア後の生きがいにしている祖父母も少なくありません。

一方で、長生きリスクや先細る年金への懸念から、再雇用やパートで働く祖父母もいます。晩婚、晩産の影響からか祖父母が高齢で病気を抱えていたり、要介護状態で孫育ての余裕などないケースも多いため、実家を頼れるかどうかはきわめてセンシティブな話でもあります。

表向きは共働きの夫婦と子どもという同じ家族構成でも、子育てにかかわるすべてに夫婦2人だけで対応しなければならない状況と、近くに住む祖父母という、いざというときのセーフティネットがある状況では、内情は全く違います。何事もなく保育園や学童を利用できる平時はそれほど違いがわかりませんが、実は隠れた格差があるのです。

時間はお金で買えるのか

共働きの子育ては忙しく時間にゆとりがないことを数字で表したデータがあります。石井加代子氏と浦川邦夫氏の研究では、子育て中の親が自分の裁量で過ごせる時間は共働き世帯で低いことを示しています。6歳未満の子どもが2人以上いる共働き世帯では、1日の総時間から、睡眠や食事などの基礎的な活動時間と家事労働時間、労働時間と通勤時間を差し引いた「裁量時間」が平均して週に5・1時間であるというものです。これは共働きでない家族世帯を含めた全体平均(30・5時間/週)の6分の1しかありません(「所得と時間の貧困からみる正規・非正規の格差」2017年)。

この研究では、必要な最低限の家事時間さえ確保することができない状態を「時間貧困」と定義していますが、6歳未満の子どもが2人以上いる共働き世帯の39・6%が該当すると指摘しています。共働きをすることで額面上は収入を増やすことができても、忙しくて時間が奪われれば、暮らしのゆとりという面では貧困状態になってしまうリスクがあるわけです。

足りない時間を補うためには、先ほどお話ししたように実家等の親族や周りの人を頼るという手もありますが、それができない、もしくはそれでも足りない場合にはお金による解決策もあります。一方で、必要最低限の家事や育児のために時短家電を購入したり、ベビーシッター／家事代行サービスなどを利用することで、所得面での貧困に陥るリスクがあるとも指摘されています。

家事や育児の負担を「お金で解決」するには、どれくらいの費用がかかるのでしょうか。まず考えられる方法のひとつが時短家電です。とりわけ乾燥機つき洗濯機、食洗機、ロボット掃除機は「共働きの三種の神器」といわれるほど、多くの家庭が導入していきます。子どものいる世帯に限らず、最近は家事の効率化のためにこれらを揃えている家庭もあるでしょう。

しかし導入するには、それなりのコストがかかります。乾燥機と一体になったドラム式の洗濯機は、容量が少ないものでも価格が10万円以上、家族向けで容量が大きいものでは30万円以上の機種もあります。食洗機は据置で容量が少ないものなら3万円前後から購入できますが、容量が大きいものやビルトインタイプになると10万円近くします。ロボット掃除機もメーカーやスペックにより差がありますが、リーズナブルなものでも2~3万円、ハイスペックなタイプになると10万円はくだりません。

ほかにも、送迎時間を少しでも短縮するために子ども乗せ電動アシスト自転車を、子どもが一人で外出するようになったら安全のためにGPSや携帯電話を、スムーズな家電の操作やアラーム設定のためにスマートスピーカーを導入するなどすれば、あっという間に数十万円に達してしまいますし、メンテナンスにも都度お金がかかります。

家電だけでは対応できない育児や家事は、ベビーシッターや家事代行などのサービスを使って「外注」するという選択肢もあります。

ベビーシッターは親が不在にする間の自宅での子どものお世話、習い事や塾への送迎代行、もしくは親が在宅でも人手が足りない時の補助などに利用できます。運営会社と契約して所属シッターを派遣してもらうタイプだと通常料金で1時間あたり2000~3000円、個人のシッターをマッチングサービスで探して手配するタイプだと1500~2500円が相場で、早朝・深夜の利用や直前の依頼では割増料金がかかります。きょうだいを同時にみてもらうとその分料金は高くなりますが、2人目以降は半額など割安になるのが一般的です。なかには、利用料とは別にかかる入会金や年会費などの初期費用だけで10万円以上必要な会社もあります。

集団で保育をする保育園や幼稚園に比べると料金は手頃とはいえませんが、一部の自治体では、利用料の補助制度を設けています。東京都ではベビーシッターの利用１時間あたり２５００円（夜10時から翌朝7時までは３５００円）までの料金を区市町村が補助しています。一部の地域を除き年間１４４時間分まで利用でき、料金が上限に達しない限り親の負担はありません。最大限に利用すると年間で36万円分のベビーシッター代が無料になる計算です。原則未就学児のみ対象ですが、一部の地域では小学3年生まで利用できます。一部の企業には福利厚生サービスとして、指定のベビーシッターサービスで割引や補助を受けられるところもあります。このような制度を活用すれば、ベビーシッター代の負担は大幅に軽くなります。

家事代行サービスは、自宅の掃除や洗濯、食事作りや買い物などの家事を代行してもらうサービスです。利用する頻度や地域に応じて料金が設定されているのが一般的で、定期的に利用する場合には１時間あたり２０００～５０００円前後が相場です。たとえば月に2回、３時間ずつ利用すると月額は１～３万円程度になります。単発で利用できる会社もありますが、定期利用に比べると料金は割高です。

筆者も、以前に家事代行を利用して掃除をしてもらったことがあります。子どもがいると分刻みで汚れていくため、一度でずっときれいな状態が保たれるわけではありませんが、仕事や子育ての片手間で掃除をするのに比べるとはるかにきれいになります。1回数千円という支出はきつく、複数回となると気軽に使えないのが正直なところですが、他の人が掃除をしてくれることで「自分でやらない限り汚れる一方」という状態から脱せられ、精神的にかなり救われるというメリットも実感しました。

共働きに迫る「隠れ貧困」のリスク

忙しいからといって便利な時短家電を持ち、ベビーシッターや家事代行サービスを使うだなんてぜいたくだと感じる人もいるかもしれません。しかし、先述の研究の通り、未就学児を持つ共働き夫婦は自由時間が1日に1時間もなく、そのうちの4割は最低限の家事をする時間さえ足りないという状態に置かれています。実家が遠方で近くに頼れる人が誰もいない、夫婦どちらかが多忙で、もう一人が家事や育児をワンオペでしなければならないといった事情を抱えていれば、最低限の日常生活を送るためにロボットの力や人手を動員せざるを得ない現実を、一概には否定できないと思います。「時は金なり」といいますが、とりわけ共働き世帯は、家事や育児の時間を確保するためにキャリアや収入を手放すか、夫婦で働いて収入を得るのと引き換えに時間をお金で買うかの選択に迫られています。選択のしかたしだいでは、せっかく共働きをして収入を上げたにもかかわらず、貧困状態に陥るという綱渡り状態でもあります。

夫婦にこれほどの負担がかかるのは、都市への一極集中や核家族化が進んだ弊害でもあるのかもしれません。苦しいなら親と同居するなり、実家に帰るなり、物価の安い地域へ移るなりすればいいという意見もあるでしょう。しかし個々の家族や仕事の事情を考えれば、そう簡単に解決できる問題でもありません。当事者以外から見れば経済的にゆとりがありそうでも、実はギリギリの生活に悩む、隠れた貧困状態に近い家庭は、予想以上に多いのではないでしょうか。

第４章　国民的キャラクターで試算する１０００万円世帯

居住地・年齢・家族構成によって見えている世界は違うのか

年収１０００万円が裕福なのか、そうでもないのかは、住んでいる地域や年齢、家族構成によっても変わってきます。そもそも「豊か／貧しい」というのは曖昧な表現で、生活水準が同じでも自分の生活を豊かだと感じる人もいれば、貧しいと感じる人もいますが、世論調査によると、生活への満足度が高いのは大都市に住む人で、町や村に住む人は不満を感じる割合が高いというデータがあります。その大きな理由のひとつと考えられるのが収入の地域差で、同調査では所得・収入に関する満足度も大都市ほど高く、小都市や町・村では不満が高い傾向も明らかになっています（内閣府「国民生活に関する世論調査」）。

しかし、だからといって単純に「都会の人はお金持ち」と判断するのは間違いです。所得中間層の手取り収入（可処分所得）と生活費を都道府県別に比べた国土交通省のデータによると、東京などの大都市は確かに可処分所得が高いものの、食費や住居費、水道光熱費などの基礎的なコストも高いのに加えて通勤事情が悪く、これらを差し引いた実質的な豊かさは東京都が全国で最下位であるとの結果もあります。都会で暮らしていくには、収入が高くても支出も高いので、手元には思ったほどお金が残らない。それは郊外と東京で何度か引越しを経験している筆者の実感としてもそう思います。

また、年代や家族構成によっても家計の様相はかなり違ってきます。同じ年収でも一人暮らしか、家族を養わなければならないかで、お金のかかり方はまったく違います。一人暮らしは自分の収入で住居費から水道光熱費、食費まですべてをやりくりしなければなりませんが、自分さえ生きていければ事足りるという面もあります。一方で家族と同居していれば住まいを共有できることで1人あたりの住居費や水道光熱費を多少抑えられる反面、食費や日用品費などは人数が多いほど膨らみます。

暮らしの形によって豊かさの基準が違い、一軒一軒に個別差があります。そこで、皆さんにおなじみのアニメのキャラクターの家族構成をモデルに、いくつかのパターンで年収1000万円世帯の家計を試算してみたいと思います。

以下に挙げるモデル家計は、「クレヨンしんちゃん」のしんのすけ一家、「サザエさん」のイクラちゃん一家、「ちびまる子ちゃん」のまるちゃん一家を参考としています。アニメとほぼ同じ家族構成、居住地、年齢、世帯主の就業形態の3家族の世帯年収をそれぞれ1000万円とし、住居費・生活費・退職金などの収入や支出額は、国の調査などから年齢や家族構成、居住地、働き方が類似するデータをもとに設定しています。子どもの進路や退職年齢、自宅のリフォーム時期など、人生におけるお金のイベント（ライフイベント）については原作では具体的に語られていない面もありますので、一般的に想定される時期や金額をもとに筆者が設定し、家計の収支や貯蓄の推移をシミュレーションしました。

「クレヨンしんちゃん」野原家のリアル

まずは、夫婦と子ども2人の4人家族の一例として、アニメ「クレヨンしんちゃん」の野原ひろし一家に登場してもらいましょう。原作では、埼玉県春日部市在住の会社員とその家族という設定で、日本の子育て世帯の代表のようなイメージもあります。ここから先はアニメの設定とは異なる部分がありますが、同じ家族構成で世帯年収1000万円の4人家族の家計をシミュレーションしてみましょう。

「クレヨンしんちゃん」モデル前提条件

・家族構成　夫婦と子ども2人

夫：35歳（会社員）

妻：29歳（専業主婦）

第1子：5歳

第2子：0歳

ペット：犬1匹

・年収

現在～夫54歳：1000万円（給与・ボーナス収入）

夫55～60歳：890万円（給与・ボーナス収入）

夫61～65歳：600万円（給与・ボーナス収入）

夫65歳～：249万円（年金収入。別途退職金は下記参照）

・退職

夫の定年退職：65歳
退職金：一時金2000万円、企業年金で年間60万円（20年間受取り）

・年金
夫20〜22歳：国民年金加入
夫22〜65歳：厚生年金加入
夫65歳〜：老齢年金受給開始（支給率は2023年度現在と同じと想定し、現役中の収入額に応じて受給額を試算）

・住宅　埼玉県。新築戸建て・庭付き（所有。夫30歳時に購入と仮定）
維持費：年間30万円（固定資産税、火災保険、小規模な修繕費用など）、10年ごとに外装・リフォーム代として100万円支出と仮定
住宅ローン：夫30歳時に3000万円借入（変動金利、当初5年0・5%（返済額月7万7876円）、以後10年ごとに年1・0%→1・5%→2・0%へ上昇と仮定。35年返済（夫64歳時完済予定）、ボーナス払いなし、繰上げ返済なし）

・その他
生活費：月26万円（住居費、教育費含まず）。物価上昇率1%として毎年上昇すると想定
子ども23歳以降は独立と想定し、末子独立後は現在の生活費の70%

ペット費用：年間36万円（当初10年間のみ）
マイカー：あり。維持費年36万円（ガソリン代、税、駐車場代など）。10年ごとに買い替え、各200万円支出。夫75歳まで保有
貯蓄：シミュレーション開始時にはゼロと仮定
子どもの進路：各ケースにて設定

■シナリオ1：首都圏郊外在住・子ども2人・高校まで公立パターン

【共通の前提条件以外の設定】
・子どもの進路
第1子：幼・公立→小・公立→中・公立→高・公立→大・私立文系／自宅通学
第2子：幼・公立→小・公立→中・公立→高・公立→大・私立文系／自宅通学
教育費：原則として客観的なデータ上の公私別平均値で設定（幼稚園～高校：文部科学省「子供の学習費調査」、大学：日本政策金融公庫「教育費負担の実態調査」）

表1は、1年目の家計収支です。給与による額面年収1000万円の場合、手取り年収は765万円、ここに児童手当による収入や日常生活費等を差し引きした年間収支は

２４２万円の黒字になります。これだけ見るとゆとりがありそうです。

表１　１年目の家計収支

収入：１０１２万円
　給与　１０００万円
　児童手当　12万円（子ども２人分。所得制限あり〔支給額削減〕）
支出：７７０万円
　税・社会保険料　２３５万円
日常生活費　３１２万円
教育費　20万円
住居費　１３１万円
定期支出（マイカー維持費、ペット費用など）　72万円
年間収支：＋２４２万円

では、この先子どもの進学や夫の退職といったライフステージの変化につれて収支が変わっていくと、家族のお金の流れがどのように変わっていくのでしょうか。現在の設

定をもとに家計収支（キャッシュフロー）と現預金額の推移をシミュレーションしたのが図1－1と図1－2です。

図1－1は、家計収支の推移を1年ごとに示したグラフです。折れ線グラフが0よりも上回っている年は黒字、下回っている年は赤字であることを示しています。子ども2人がそれぞれ大学に入学する年には赤字になるなど、子育て期間中の収支は上下動を繰り返し不安定であることがわかります。マイカーの買い替えや住宅のリフォームなどの出費と大学費用の支出が重なり、赤字額が200万円近くになる年も出てきます。

このケースのキャッシュフローの特徴は2人の子どもの年齢差が5歳で、子育ての延べ期間が長いことです。第1子と第2子の教育費の負担がかかる時期が分散されるため2人分の大学費用を一度に支払う時期はない反面、子育てに関わるお金の負担が一段落してから定年退職までの期間は約8年間しかありません。

夫65歳時に収入が一時的に増えるのは、定年退職による退職金収入です。その後は給与収入がなくなるため、一転して収入が少なくなります。一般的に現在は公的年金の受給額だけで老後の生活費をまかなえる家庭は希有で、このケースでも企業年金収入を含めても慢性的に赤字が続きます。

図1-1　子ども2人の大学進学時期には赤字が頻発

年間収支の推移

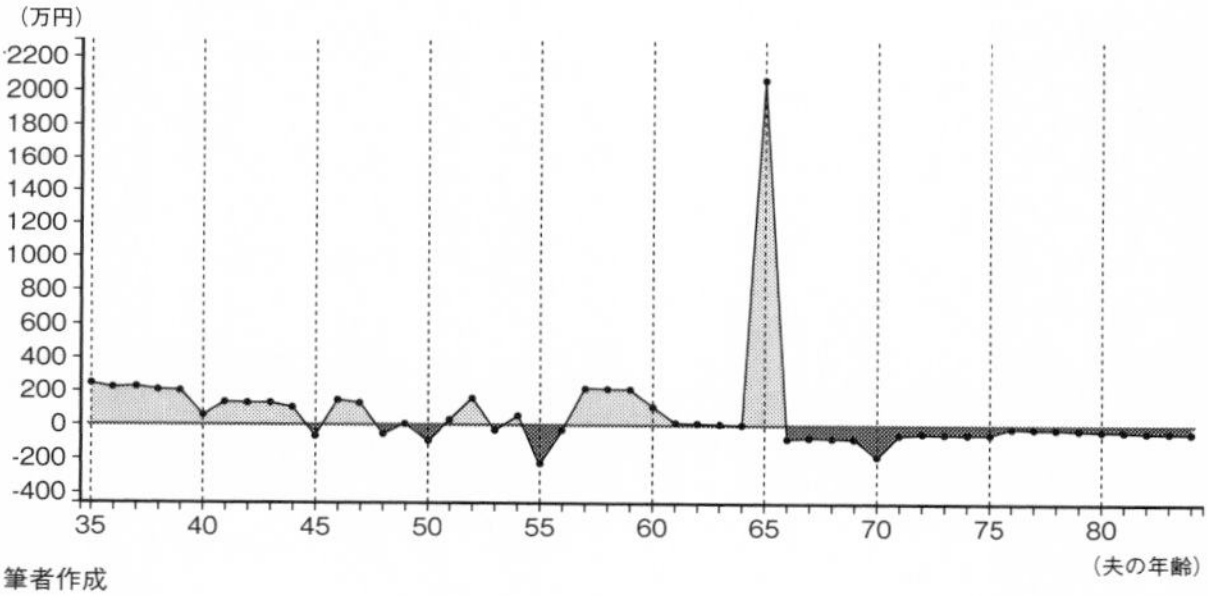

筆者作成

図1-2　おおむね右肩上がりで貯蓄が増えていく

現預金の額の推移

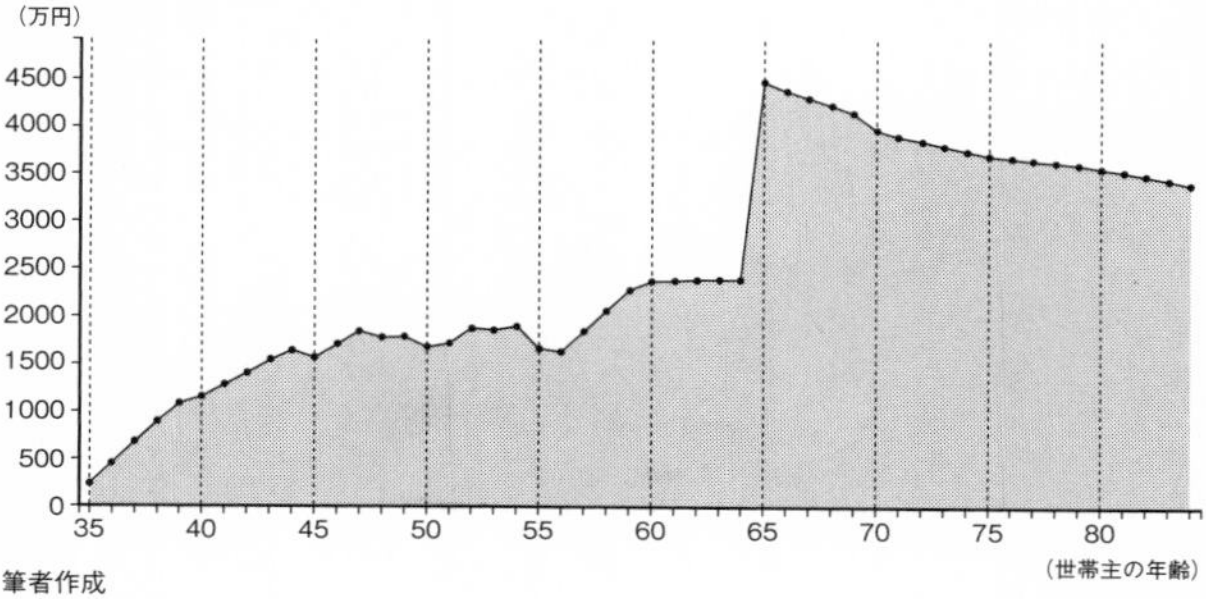

筆者作成

老後は現役時代の貯蓄や退職金を取崩しながら生活するのが一般的ですので、家計収支がマイナスになること自体はそれほど大きな問題にはなりません。そこで貯蓄の推移を見たのが図1－2です。現役期間中は預貯金残高がおおむね右肩上がりで増え、夫65歳時点では退職金とあわせると4500万円に達する見込みです。定年退職後は取崩しが続きますが、基本的な生活費とライフイベントに必要な出費を前提とした本試算上では、夫が90歳過ぎまで残高を維持できる計算です。前提条件として退職金を一時金と企業年金の合計で約3200万円に設定していることは老後の資金のゆとりにつながっていますが、現役期間中にすでに2500万円近くを貯められていることも大きいといえます。

ただ、このシミュレーションでは旅行や趣味、病気や介護などによる大きな出費は設定していないため、海外旅行などお金のかかるイベントを頻繁に楽しんだり、日頃からぜいたくを繰り返したりしてもなお余裕があるとまでは言い切れません。

本試算のモデルである野原家は原作では自宅が爆発して急遽《きゅうきょ》引っ越すというトラブルにも見舞われていますが、描かれているような波瀾万丈の人生を送ると、キャッシュフローの様子は変わってきます。世帯年収1000万円でも収支がきつく、貯蓄が思うようにできない可能性はあります。

☆結果：首都圏郊外在住で、子ども2人が高校まで公立に進学する場合、主に子どもが大学在学中の家計収支は不安定。平均的な暮らしぶりを続ければ、標準的な老後資金を貯めるには問題なささそう。

しんちゃんとひまわりが中学受験したら

同じ家族構成で、子ども2人が中学受験をして中学以降から私立校に進学したら、家計はどうなるでしょうか。第2章では都市部を中心に中学受験が盛んなことをお話ししました。関東の場合、中学受験は都内だけでなく千葉、埼玉、神奈川などでも珍しくありません。原作中ではしんのすけの親友の風間くんは有名私立小学校を目指す設定になっていますが、そんな友人に触発されて、しんのすけも約8年後の中学進学先は私立へ、という展開になっても不思議ではありません。そこで、子どもの進路を中学から私立に設定したのがシナリオ2です。教育費には、中学受験のために塾代が上乗せでかかると仮定しています。

■シナリオ2：首都圏郊外在住・子ども2人・中学から私立進学パターン

【共通の前提条件以外の設定】
・子どもの進路
第1子：幼・公立→小・公立→中・私立→高・私立→大・私立文系／自宅通学
第2子：幼・公立→小・公立→中・私立→高・私立→大・私立文系／自宅通学
教育費：原則として客観的なデータ上の公私別平均値で設定（幼稚園〜高校：文部科学省「子供の学習費調査」、大学：日本政策金融公庫「教育費負担の実態調査」）
※子どもが小学4〜6年生の3年間は、中学受験費用（塾代など）として上記の平均額に年100万円ずつ上乗せ

1年目の家計収支は、額面年収1000万円、手取り年収は765万円、年間収支は242万円の黒字と、シナリオ1と全く同様です。

しかし、このシナリオでは子どもが中学受験をするための受験対策費用がかかり、中学校以降は私立校水準の学習費がかかる前提としています。これをふまえて、この先のお金の流れがどのように変わっていくかを見たのが図2－1と図2－2です。

図2-1　子どもが塾に通い始めてから子育て期間が終わるまでほぼ赤字続き

年間収支の推移

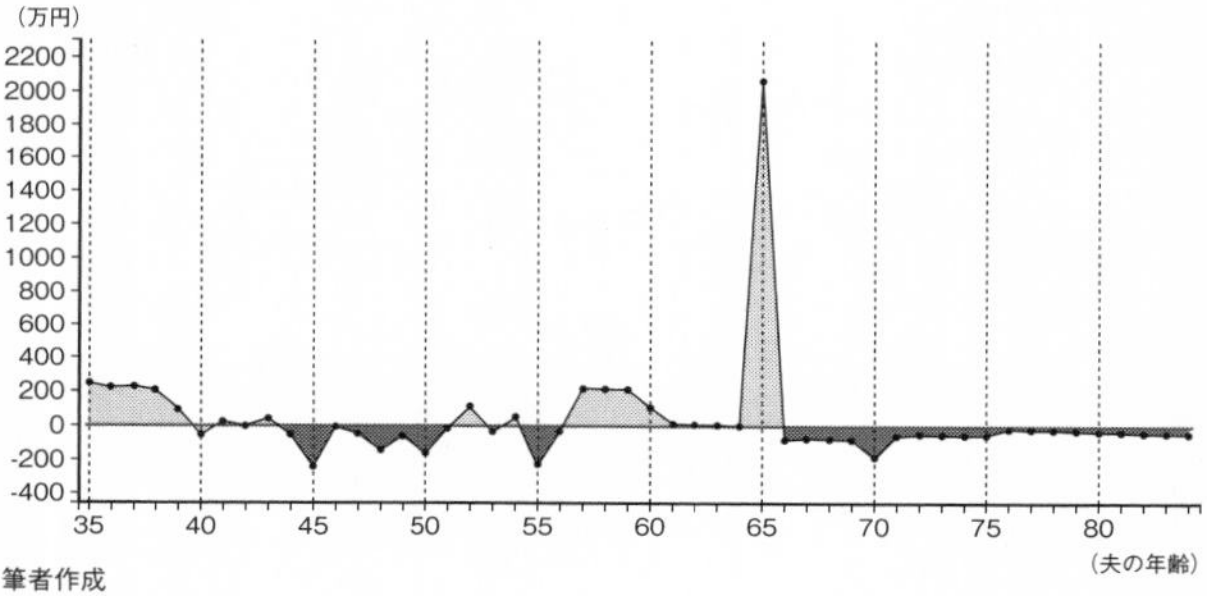

筆者作成

図2-2　子どもの私立中学進学以降、貯蓄残高は減少し続ける

現預金の額の推移

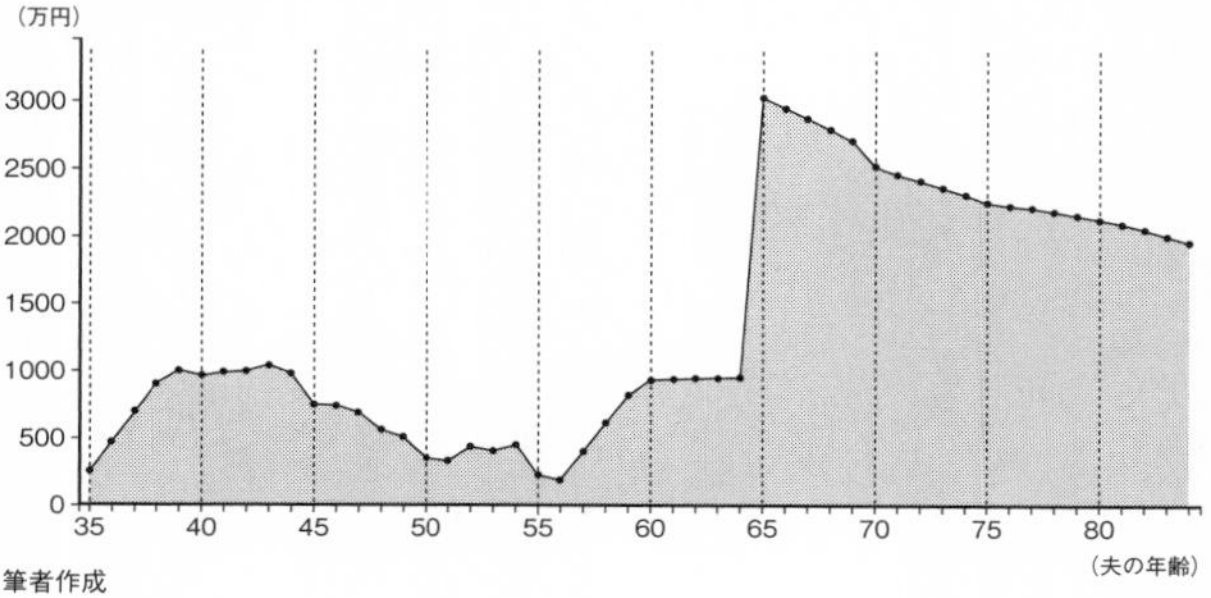

筆者作成

図2－1では、子どもが大きくなるにつれて家計の黒字幅が小さくなります。第1子が小学校高学年になり中学受験費用がかかるようになって以降、第2子の大学卒業年まで、15年あまりにわたってほぼずっと赤字が続くことがわかります。また、シナリオ1と同様に夫の定年退職後も赤字が続きます。

貯蓄残高の推移を見ると、第1子の小学校卒業年まではほぼ増えていきますが、私立中学入学年以降は約10年にわたり、おおむね右肩下がりで減少していきます。子育てが一段落すると家計収支が黒字に転じ、定年退職までの10年弱は再び貯蓄が増えていきます。

夫が65歳になると退職金収入も入るため、この時点での貯蓄残高は約3000万円です。「老後2000万円問題」を覚えている方もいると思いますが、その水準を参考にすれば標準的な老後資金として不足はなさそうです。しかし、シナリオ1に比べると約1500万円少ない結果になります。想定通りの金額を退職金で受け取れれば、日常生活費や自宅のメンテナンス費、そして、のちにかかるであろう夫婦の葬儀費用といった最低限必要な支出はまかなえそうです。

このケースのポイントは、首都圏郊外在住という前提からマイホームの物件価格がそれほど高額でないと想定し、住宅ローンの借入額を3000万円と設定しているため、後述する都内在住のケースに比べて月々のローン返済が低く抑えられていることです。夫の定年退職前（64歳時）に完済予定でもあり、住宅ローンが家計を大きく圧迫する心配はなさそうです。

一方で、生活上でマイカーが欠かせないとすると、老後までマイカーの維持費や買い替え費用がかかることが老後の赤字体質の主因になっています。２人の子どもの年齢差ゆえに子育て期間が長いことも、教育費負担が長く続く一因になっています。

試算期間全体を通して貯蓄残高がマイナスになることはありませんが、第２子が大学を卒業する年には２００万円を切るまでに減少するため、逼迫感は出てくるでしょう。子どもが大学受験で浪人をしたり、大学で留年をしたりと想定外の出費が生じれば、家計は試算以上に苦しくなるおそれがあります。人生全般を通して、余裕といえるほどではなさそうです。

☆結果：子どもを２人とも中学校から私立に進学させると、子育て期間中は赤字が続き、貯蓄が大幅に減少する。試算上は最低限の老後資金は貯まるが、油断は禁物。

ひろしとみさえが共働きだったら

年収1000万円の世帯では、夫か妻どちらかの年収のみで1000万円というのではなく、夫婦共働きで合算の世帯年収が1000万円というケースが少なくありません。

では、同じ家族構成と収入で共働きだった場合、家計やお金の流れはどうなるでしょうか。夫婦の合計年収が1000万円で、シナリオ2と同様に子ども2人が中学受験をして中学以降から私立校に進学した場合で試算したのが次の結果です。夫婦の年収と退職金、年金などを以下のように設定しています。それ以外の条件は、すべてシナリオ2と同様で設定しています。

■シナリオ3：首都圏郊外在住・子ども2人・中学から私立進学パターン（共働き）

【共通の前提条件以外の設定】

・年収（夫）

現在～夫54歳：700万円（給与・ボーナス収入）

夫55～65歳：600万円（給与・ボーナス収入）

夫65歳～：233万円（年金収入。別途退職金は下記参照）

・年収（妻）
現在〜妻65歳：300万円（給与・ボーナス収入）
妻65歳〜：155万円（年金収入。別途退職金は下記参照）
・退職
夫の定年退職：65歳
退職金（夫）：一時金1500万円、企業年金で年間50万円（20年間受取り）
妻の定年退職：65歳
退職金（妻）：一時金500万円
・年金
夫・妻20〜22歳：国民年金加入
夫・妻22〜65歳：厚生年金加入
夫・妻65歳〜：老齢年金受給開始（支給率は2023年度現在と同じと想定し、現役中の収入額に応じて受給額を試算）
・子どもの進路
第1子：幼・公立→小・公立→中・私立→高・私立→大・私立文系／自宅通学
第2子：幼・公立→小・公立→中・私立→高・私立→大・私立文系／自宅通学
教育費：原則として客観的なデータ上の公私別平均値で設定（幼稚園〜高校：文部

科学省「子供の学習費調査」、大学：日本政策金融公庫「教育費負担の実態調査」）
※子どもが小学4～6年生の3年間は、中学受験費用（塾代など）として上記の平均額に年100万円ずつ上乗せ

・その他の支出
保育料：認可保育園に入園と想定し、第1子・第2子それぞれに、夫婦の年収に応じた保育料を設定

表2は、1年目の家計収支です。額面年収1000万円、手取り年収は796万円で、児童手当による収入や日常生活費等を差し引きした年間収支は226万円の黒字になっています。児童手当は夫の年収がシナリオ2に比べて低いため所得制限の対象にならず、満額が支給されています。一方で第2子を認可保育園に入園させ保育料負担が増すため、差し引きでの黒字幅はシナリオ2より小さくなっています。

表2　1年目の家計収支
収入：1030万円（夫婦合計）
　給与　1000万円（夫婦合計）

児童手当　30万円（子ども２人分。所得制限なし）
支出：８０４万円
税・社会保険料　２０４万円
日常生活費　３１２万円
教育費　85万円
住居費　１３１万円
定期支出（マイカー維持費、ペット費用など）　72万円
年間収支：＋２２６万円

この先のお金の流れがどのように変わっていくかを見たのが図３－１と図３－２です。図３－１では、第２子が塾通いを始める年（第１子は私立中学在学中）以降に赤字が目立ちますが、同じ世帯年収１０００万円でも片働きのシナリオ２に比べると赤字幅がわずかに少なくなっています。

本試算では夫の年収をシナリオ２よりも低く設定したことに合わせて退職金や年金も低く設定しましたが、妻がフルタイムで働くことで妻の退職金や年金収入が増えると想定したため、老後の家計はギリギリですがほぼ黒字を維持しています。

図3-1　子育て期間中は赤字が目立つが、老後はギリギリ黒字体質

年間収支の推移

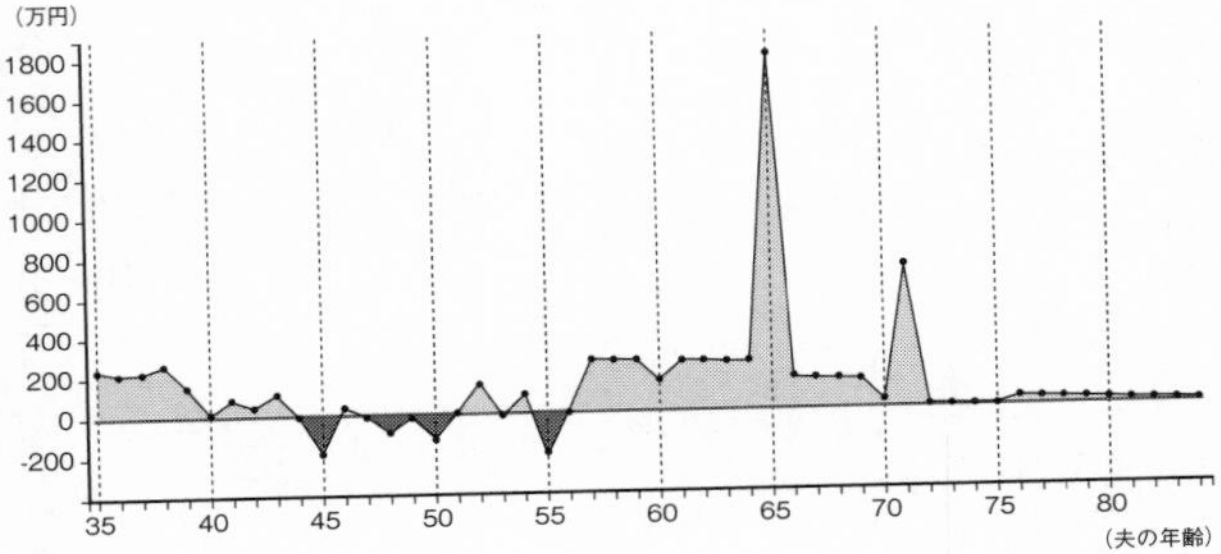

筆者作成

図3-2　夫・妻の定年退職時に資産が大きく増える

現預金の額の推移

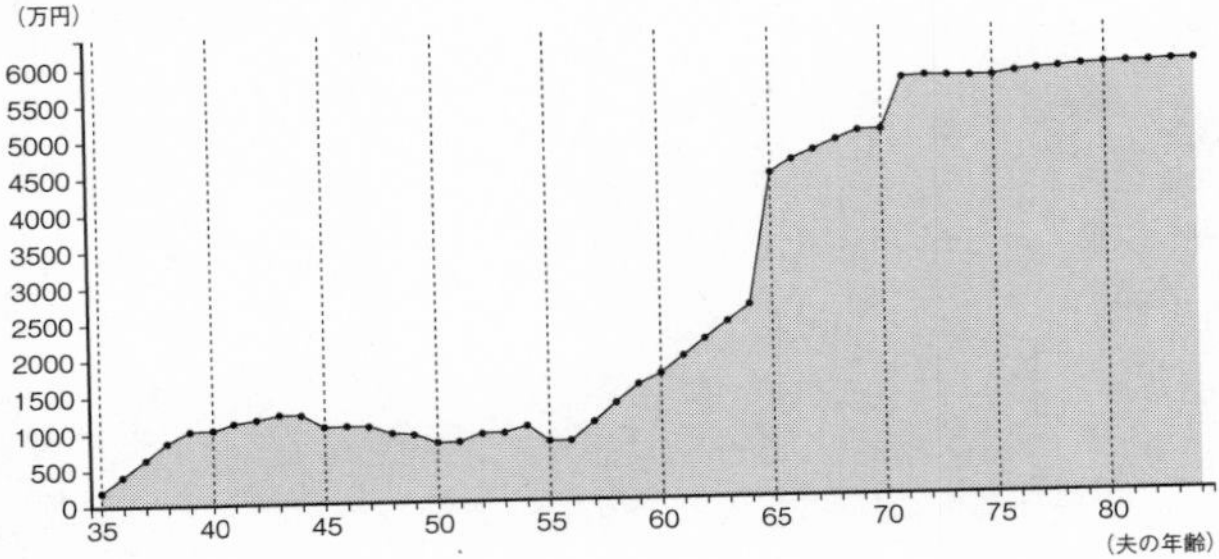

筆者作成

図3－2で資産の推移を見ると、子育て期間中は横ばいか微減が続くものの、子どもの大学進学などの負担が重くなる時期でも貯蓄は800万円ほどを維持しています。子育てが一段落した後には貯蓄が増え、夫65歳時点では退職金と合わせた残高が約4500万円に達します。これは夫の年収が1000万円で妻が専業主婦というシナリオ1での結果とほぼ同水準なのですが、こちらのシナリオでは妻が夫の定年後も65歳まで働いて、6年間分の給与収入と退職金が入る想定のため、貯蓄残高がさらに増えます。夫71歳時点では約5700万円になっています。

現役期間中の世帯年収は片働きのシナリオとほぼ同様に推移していますが、夫婦の年齢差が6歳で、夫の定年退職後に妻が働く期間が6年間あることがこのシナリオのポイントです。妻の給与収入により、夫のリタイア後も資産を大きく増やすことができています。

夫婦ともに何歳まで働くかや、退職金収入を実際にどれくらい受け取れるかによって、結果が左右されるリスクはあります。また共働きと家事や子どもの教育を両立するために設定以上の生活費や臨時支出がかかったり、時間的・体力的な負担が増したりするおそれもありますが、計算上では片働きのシナリオと比べるとキャッシュフローや資産推移に安定感があることがわかります。

【首都圏郊外在住・30代夫婦と子ども2人のケースのまとめ】

・子ども2人が高校まで公立に進学した場合は、子育て期間中は家計が赤字の年が目立つものの、貯蓄残高はおおむね右肩上がりに増え、標準的な老後に必要な水準まで達すると見込まれる（**シナリオ1**）。

・中学以降に私立に進学した場合には公立進学シナリオに比べ貯蓄可能額が大幅に少なく、第2子の大学卒業まで減少し続ける。夫婦の老後資金にゆとりがもてるかどうかは退職金頼みになる可能性が高い（**シナリオ2**）。

・共働きで世帯年収1000万円の場合には、第2子が2歳までの保育料負担など共働きのためのコストはかかるが、子育て期間中にも貯蓄を大幅に減少させずにすむ。妻の年金が上乗せされることで、老後に黒字で生活する期待もできる（**シナリオ3**）。

「サザエさん」波野家のリアル

次に、夫婦と子ども1人の3人家族・東京都内在住のケースとして、アニメ「サザエさん」から、サザエさんの従兄の波野ノリスケさん一家に登場してもらいましょう。アニメ内ではノリスケさんは会社員で東京都世田谷区のマンションを所有している設定のようです。ここから先は原作の設定とは異なる部分がありますが、仮に同じ家族構成で年収１０００万円だった場合に、家計収支やキャッシュフロー、そして資産の推移を、３通りのシナリオでシミュレーションしたものです。

「サザエさん」波野家モデル前提条件

・家族構成　夫婦と子ども１人
　夫：25歳（会社員）
　妻：22歳（専業主婦）
　子：１歳
・年収
　現在〜夫54歳：１０００万円（給与・ボーナス収入）
　夫55〜60歳：８９０万円（給与・ボーナス収入）
　夫61〜65歳：６００万円（給与・ボーナス収入）
　夫65歳〜：２６５万円（年金収入。別途退職金は下記参照）

・退職
夫の定年退職：65歳
退職金：一時金２０００万円、企業年金で年間60万円（20年間受取り）
・年金
夫20～22歳：国民年金加入
夫22～65歳：厚生年金加入
夫65歳～：老齢年金受給開始（支給率は２０２３年度現在と同じと想定し、現役中の収入額に応じて受給額を試算）
・住宅　東京都世田谷区。中古マンション（所有。試算開始年に購入と仮定）
維持費：年間40万円（管理費、修繕積立金、固定資産税、火災保険など）、20年ごとにリフォーム代として２００万円支出と仮定
住宅ローン：夫25歳時に５０００万円借入（当年に諸費用２１８万円を支出）（変動金利、当初５年０・５％（返済額月12万９７９３円）、以後10年ごとに年１・０％→１・５％→２・０％へ上昇と仮定。35年返済、ボーナス払いなし、繰上げ返済なし）
・その他
生活費：月25万円（住居費、教育費含まず）。物価上昇率１％として毎年上昇する

と想定
子ども23歳以降は独立と想定し、現在の生活費の70%
マイカー：あり。維持費年36万円（ガソリン代、税、駐車場代など）。10年ごとに買い替え、各200万円支出。夫65歳まで保有
貯蓄：シミュレーション開始時にはゼロと仮定
子どもの進路：各ケースにて設定

■シナリオ4：東京都在住・子ども1人・中学から私立進学パターン

【共通の前提条件以外の設定】
・子どもの進路
第1子：幼・公立→小・公立→中・私立→高・私立→大・私立文系／自宅通学
教育費：原則として客観的なデータ上の公私別平均値で設定（幼稚園〜高校：文部科学省「子供の学習費調査」、大学：日本政策金融公庫「教育費負担の実態調査」）
※子どもが小学4〜6年生の3年間は、中学受験費用（塾代など）として上記の平均額に年100万円ずつ上乗せ

表3は、1年目の家計収支です。額面年収1000万円の場合、手取り年収は761

万円、これに対して児童手当による収入や日常生活費等を差し引きした年間収支は17万円の黒字になります。このシナリオでは1年目にマイホームを購入した設定のため当年は住宅購入にかかる諸費用支出がありますが、それでも家計収支は黒字になっています。

表3　1年目の家計収支

収入：1006万円
　給与　1000万円
　児童手当　6万円（所得制限あり・支給額削減）
支出：989万円
　税・社会保険料　239万円
　日常生活費　300万円
　教育費　0万円
　住居費　414万円（購入諸費用218万円込み）
　定期支出（マイカー維持費）　36万円
年間収支：＋17万円

では、この先子どもの進学や夫の退職といったライフステージの変化につれて収支が変わっていくと、家族のお金の流れがどのように変わっていくのでしょうか。現在の設定をもとにシミュレーションしたのが図４－１と図４－２です。

家計収支の推移を示す図４－１を見ると、子どもの中学入学、大学在学と、自宅のリフォームやマイカーの買い替えといった臨時支出が重なる年の赤字が目立ちます。また、子どもが私立校に通う中学から高校にかけての黒字額が小さくなっています。しかし、現役期間全体ではおおむね黒字家計が続きます。

夫65歳時の退職金収入以降は収入が年金のみとなるため赤字が続きますが、企業年金収入があるという設定も寄与して、大幅な赤字になる年はなさそうです。

同じ期間で預貯金残高の推移を表したのが次の図４－２です。定年退職を迎える65歳まで、おおむね順調に右肩上がりで増えていくことがわかります。計算上は、65歳時点で貯蓄額が約６０００万円に達する見込みです。老後の収入は公的年金と会社の企業年金のみとなり、家計赤字により貯蓄の取崩しが続きますが、基本的な生活費や必要最低限のリフォームなどライフイベントのお金は、生涯を通してまかなえそうです。

このケースのポイントは世帯主の20代から年収１０００万円が続くことと、子どもが

図4-1　子どもの私立中高、大学進学時は黒字幅が大きく減少するが、人生全体を通して黒字年が多い

年間収支の推移

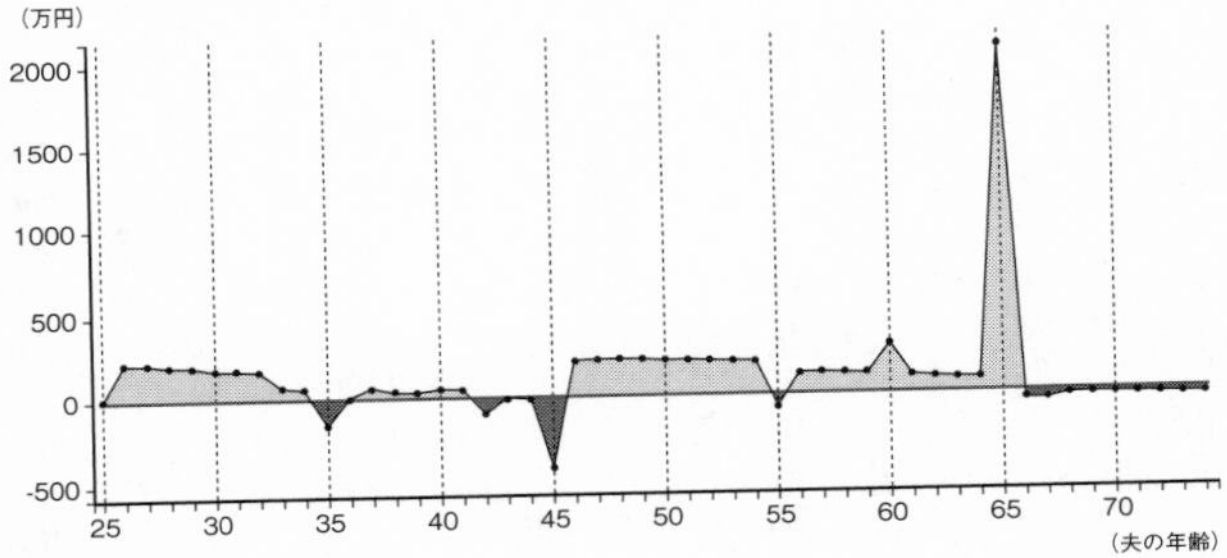

筆者作成

図4-2　おおむね右肩上がりで貯蓄残高が増えていく

現預金の額の推移

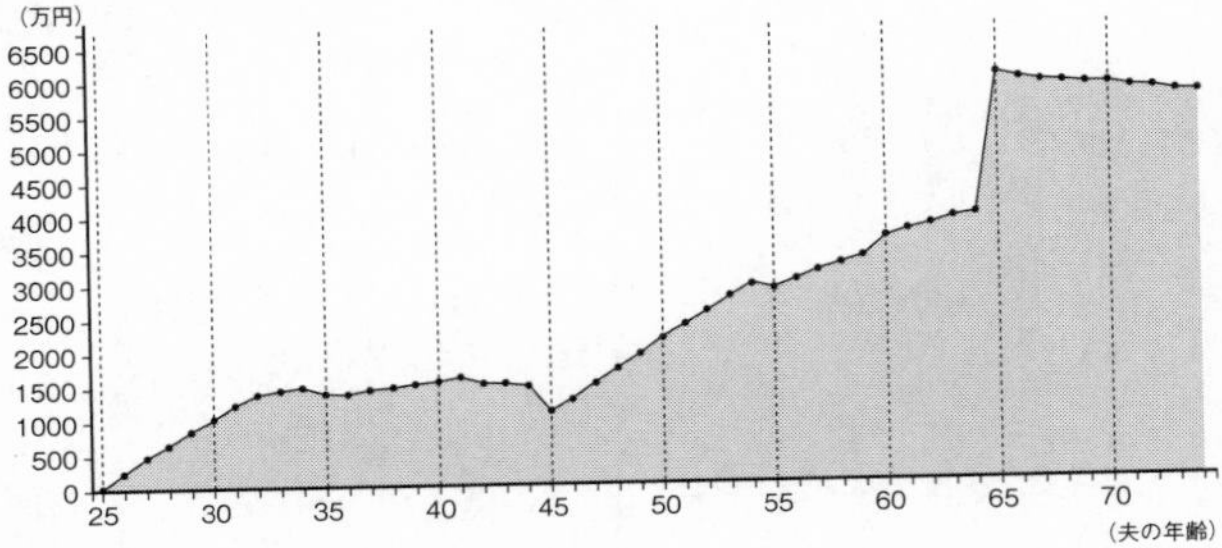

筆者作成

20代で生まれ、一人っ子であることです。

子どもの私立中高や大学への進学費用は負担ですが、子ども１人分のため、それほど大きな貯蓄減にはなっていません。また、子どもの大学卒業から夫の定年退職までに約20年間あるため、減少した貯蓄を回復する期間を十分に取れるのです。試算では55歳以降の年収は１０００万円よりも下がることとしていますが、それでも安定的に黒字を貯蓄残高として積み上げていくことができています。住宅ローンを夫の還暦前に完済することと、20代ですでに年収が１０００万円あるため、厚生年金の受給額が他のモデル家計に比べて高いことも、老後のゆとりにつながっています。

シミュレーションでは旅行や趣味、病気や介護などによる大きな出費は設定していないため、ライフイベントの発生状況しだいでは結果が大幅に変わる可能性はあります。過度なぜいたくをすれば家計や貯蓄の状況は厳しくなってしまうおそれはありますが、ライフプランに大きな無理はなさそうです。

☆結果：東京都内在住で子ども１人が中学受験をして中学校以降に私立に進学しても、試算上ではライフプランのお金の見通しに大きな問題はない。

イクラちゃんが「お受験」に挑戦したら

シナリオ4では子ども1人が中学以降に私立校に通う想定でしたが、第2章でお話ししたように、大都市部などでは小学校受験も増えています。そこで、私立小学校受験のために子どもが私立の名門幼稚園に通い、進路を幼稚園からずっとオール私立に設定したのがシナリオ5です。大学の進学先も、特に学費が高額な私立理系に設定しています。

■シナリオ5：子どもが小学校受験をして、幼稚園から大学まで私立に通う場合

【共通の前提条件以外の設定】

・子どもの進路

第1子：幼・私立→小・私立→中・私立→高・私立→大・私立理系／自宅通学

教育費：原則として客観的なデータ上の公私別平均値で設定（幼稚園〜高校：文部科学省「子供の学習費調査」、大学：日本政策金融公庫「教育費負担の実態調査」）

※子どもが幼稚園年中〜年長の2年間は、小学校受験費用（幼児教室代など）として上記の平均額に年100万円ずつ上乗せ

1年目の家計収支は、額面年収1000万円の場合、手取り年収は761万円、これに対して児童手当による収入や日常生活費等を差し引きした年間収支は17万円の黒字で、シナリオ4と全く同様です。

この先、子どもが幼稚園以降に私立へ進学した場合のお金の流れをシミュレーションしたのが、図5－1と図5－2です。

図5－1を見ると、子どもが公立幼稚園・小学校に通うシナリオ4に比べて、子育て期間中は全体的に黒字幅が小さくなります。子どもが私立理系大学に進学すると大学費用も重荷になり、在学中は赤字が続きます。ただ、夫の年収が25歳から54歳まで1000万円を維持し続けるという設定がアドバンテージとなり、子どもが大学を卒業すれば夫の40代後半から定年退職までの約20年間はほぼ毎年黒字が続きます。

貯蓄残高の推移も、子どもが公立小学校に通ったシナリオ4に比べると低く推移します（図5－2）。子育て期間中にはさほど貯蓄が増えず、子どもの大学在学と車の買い替え・自宅のリフォームが重なる年には残高が200万円を切るほどに減少します。しかし子育て期間を乗り切れば夫の定年退職まで貯蓄が再び増加していきます。65歳時点での貯蓄額はシナリオ4に比べると1000万円ほど少なくなりますが、それでも退職

図5-1　子どもの私立小学校進学以降、家計収支はギリギリ黒字または赤字が続く

年間収支の推移

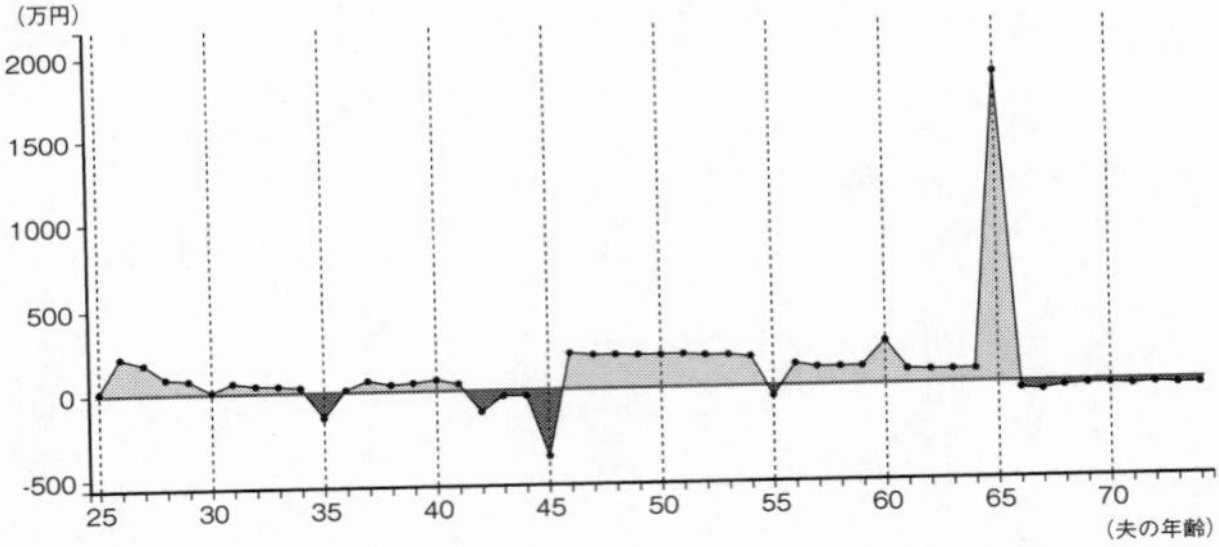

筆者作成

図5-2　子育て期間中には貯蓄がほとんど増えないが、子どもの大学卒業後の現役期間に増えていく

現預金の額の推移

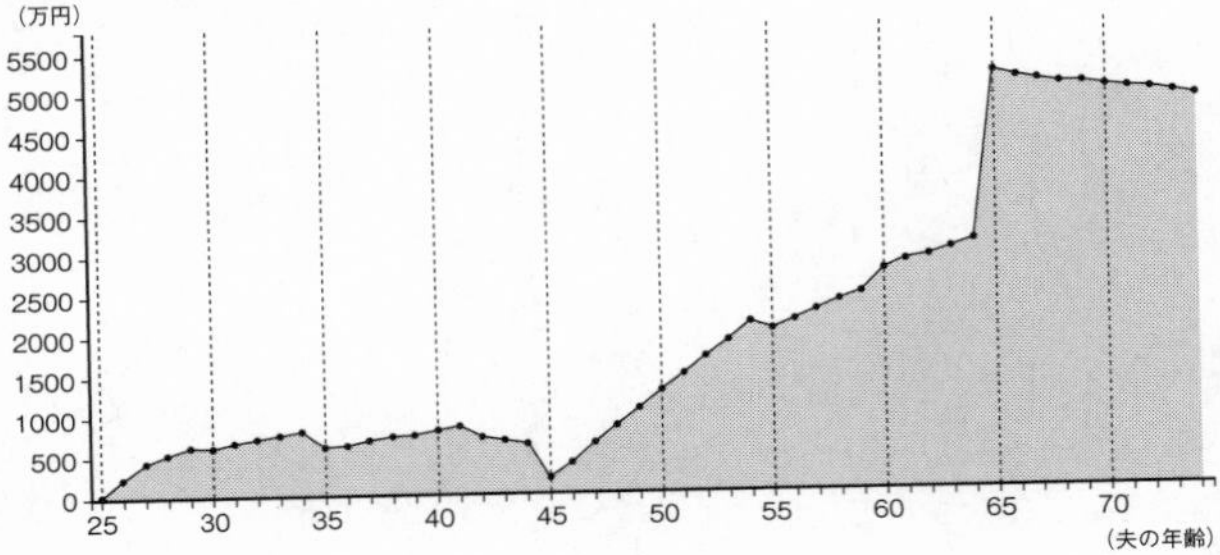

筆者作成

金を含めると５０００万円を超え、標準的な老後に必要な資金としては大きな問題はない水準といえます。子どもが１人ということもあり、私立校に通うこと自体は家計への致命傷とはならなさそうです。

このケースは試算開始時点で夫婦が20代で、子どもの大学卒業後から夫の定年退職までの期間が長いため、子育て期間中に減少した貯蓄を再度増やすことができており、その点が強みです。しかし、貯蓄残高が最も少ない年には２００万円を切るため、日常生活やライフイベントへのお金のかけ方が設定以上になれば、たちまちマイナスに転じてしまう危険があります。

また、幼稚園からずっと私立校に通うことが家族の生活水準に影響し、想定以上に生活費や娯楽費、そして教育費がかかる可能性もあります。私立小学校のなかには修学旅行で海外に行ったり、修学旅行とは別に国内外への研修旅行が盛んに行われたりと、学校行事や授業外でのイベントにお金がかかるところもあります。予想外に費用が膨らむ可能性に留意し、常に節約や貯蓄への意識は欠かせませんが、工夫しだいでは実現不可能なライフプランではないと考えられます。

☆結果：子どもが小学校受験をして以降ずっと私立校に進学した場合、想定外の生活費の上昇やイベントによる出費に注意は必要だが、実現不可能なライフプランではないと考えられる。

タイコさんに第2子が生まれたら

ここまではアニメ「サザエさん」に登場する波野ノリスケさん一家をモデルに、子ども1人のシナリオで試算してきました。では、子どもがもう1人生まれたらどうなるでしょうか。のちに第2子が生まれ、2人が同じ進路として中学から私立に通った場合のシナリオで試算したのがシナリオ6です。子どもが2人となることで、1人のシナリオよりも日常生活費と教育費を高く設定しています。その他の条件はシナリオ4と同じとしています。

■シナリオ6：子ども2人・中学から私立進学パターン

【共通の前提条件以外の設定】
・家族構成　夫婦と子ども2人

夫：25歳（会社員）
妻：22歳（専業主婦）
第１子：１歳
第２子：３年後に出生

・子どもの進路
第１子：幼・公立→小・公立→中・私立→高・私立→大・私立文系／自宅通学
第２子：幼・公立→小・公立→中・私立→高・私立→大・私立文系／自宅通学
教育費：原則として客観的なデータ上の公私別平均値で設定（幼稚園～高校：文部科学省「子供の学習費調査」、大学：日本政策金融公庫「教育費負担の実態調査」）
※子どもが小学４～６年生の３年間は、中学受験費用（塾代など）として上記の平均額に年１００万円ずつ上乗せ

・その他の支出
生活費：月25万円（住居費、教育費含まず）。３年後から月28万円、５年後から月30万円。物価上昇率１％として毎年上昇すると想定。末子23歳以降は独立と想定し現在の生活費の70％

1年目の家計収支は、子どもが1人で私立中学に進学したシナリオ4と全く同じです。この先、子どもが2人になり、2人が中学校以降に私立へ進学した場合のお金の流れをシミュレーションしたのが、図6－1と図6－2です。

シナリオ4に比べて、家計収支が全体的に赤字方向へ下がっています。第1子の中学受験の塾代がかかり始める年から、第2子が大学卒業するまでの約15年間にわたり、ずっと赤字が続きます。また、子ども2人の大学費用と住宅のリフォーム及びマイカー買い替えが重なると、年間の赤字額は500万円を超えてしまいます。

預貯金残高も、第1子の塾通いの年を境に坂道を転がり落ちるように減少し続けます。第1子の大学入学年には残高がマイナスとなり借金状態に陥ります。しかもマイナスは一時的なことではなく夫の定年退職による退職金収入が入るまで、20年以上も続きます。退職金収入の大部分はそれまでの貯蓄のマイナスの補塡にあてられ、夫婦の老後資金としては1000万円程度にしかなりません。そもそも貯蓄がマイナスになれば、何らかの方法で資金を調達しないと家計が破綻してしまいますので、このライフプランは実現不可能と断言していいでしょう。

図6-1　第１子の中学受験期以降、約15年間にわたり赤字が続く

年間収支の推移

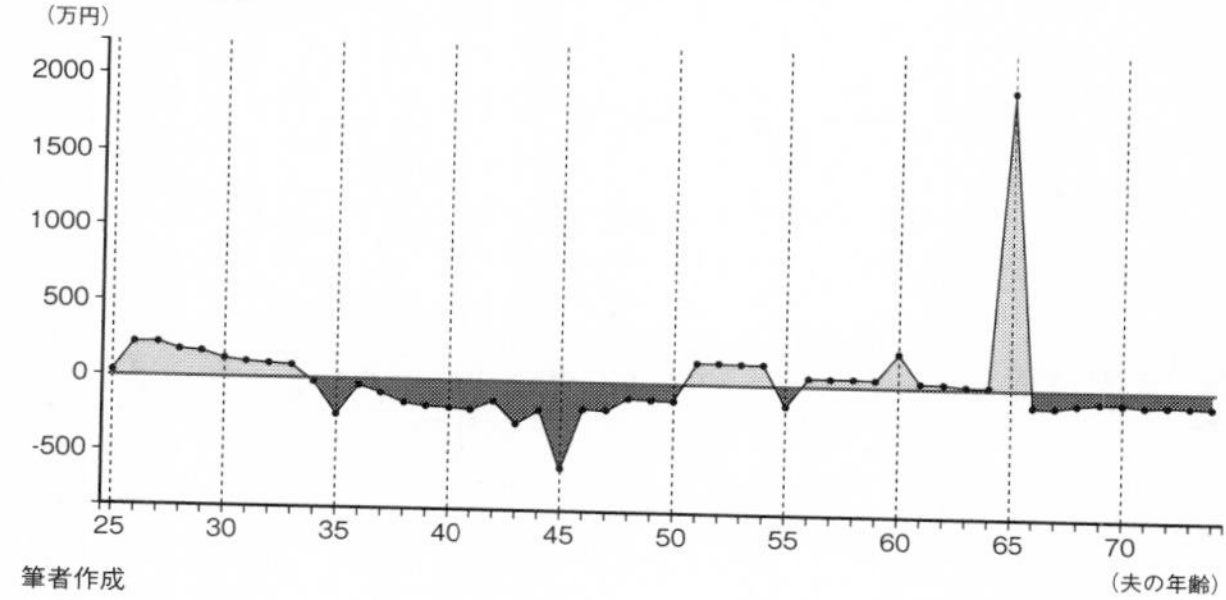

筆者作成

図6-2　第１子の大学入学で貯蓄残高はマイナスに

現預金の額の推移

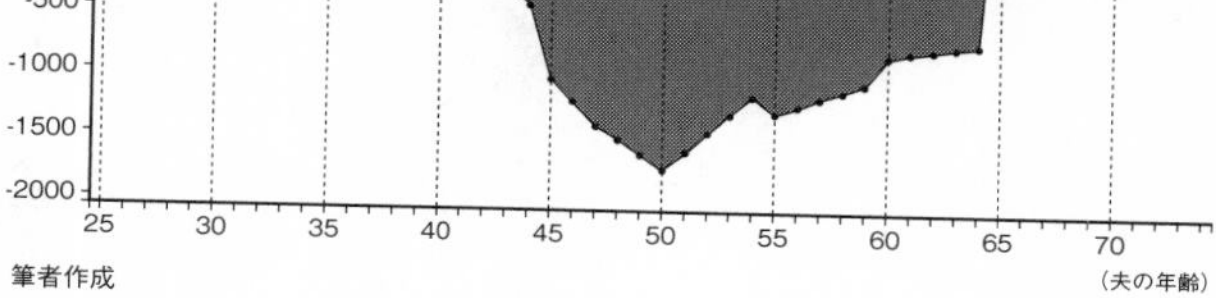

筆者作成

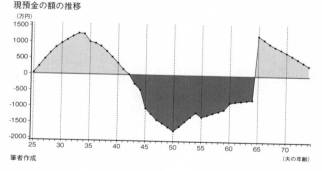

☆結果：子ども2人を中学校から私立に進学させると、子ども2人の大学進学資金も夫婦の老後資金も不足する。ライフプランの実現はほぼ不可能。

節約で本当に家計は改善するのか

アニメ「サザエさん」に登場する波野ノリスケさん一家をもとに、東京都内在住の20代夫婦・年収1000万円世帯の家計を3つのシナリオでシミュレーションしてみると、子育て開始が早いこともあり、子どもが1人であれば小学校や中学校から私立に進学させることと、家計や老後のお金の両立は不可能ではなさそうです。しかし、子どもが2人になるとそれ以上に教育費の負担が重くなり、家計は大幅に悪化してしまいます。

では、このケースで子ども2人を中学校から私立校に進学させるのは諦めなければならないのでしょうか。年収1000万円で子どもを中学受験させられるかどうかは、とりわけ中学受験が盛んな地域では高い関心を集める話題です。そこで、シナリオ6のキャッシュフローを改善する対策を考えてみましょう。

中学受験の有無にかかわらず、月々の生活費やライフイベントにかかる出費を全体的に抑えることは、家計改善策の鉄板ともいえる方法です。家計にゆとりを生むために、ここでは次の支出を削減して効果をシミュレーションしました。

■対策6―①　節約をする（支出を減らす）

【対策による変更点】

生活費：夫35歳以降の生活費（教育費・住居費含まず）を月2万円削減

マイカー：保有期間を65歳→46歳（第2子18歳時）までに短縮。その結果、買い替え回数は1回減少

リフォーム：実施時期を夫45歳→51歳時（第2子23歳時）へ遅らせる（予算額は変更なし）

教育費：子ども2人それぞれ3年間（小学4～6年生時）の支出を年間100万円削減（塾代を大幅カットと想定）

これらの対策を講じた後の結果が次の通りです。

対策前に比べて、少しではありますが家計収支の赤字幅が減少しています（図6－2－1）。また、貯蓄残高は最も少ない年でもかろうじてマイナスにならずに残り、計算上は借金なしで過ごせます（図6－2－2）。夫が65歳時点での残高は退職一時金を含

めて4000万円ほどと、対策前より多くなります。

ただ、第1子が私立中学校に入学する年から第2子が大学を卒業するまでの子育て期間中にずっと赤字が続く状態は、対策後もほとんど変わりません。貯蓄残高もマイナスは免れるものの、第2子の大学進学時期にはゼロに近づくため、安心とは言いきれません。前提条件が少しでも変われば家計が危機に瀕するリスクはまだ排除できません。

対策前のシナリオでも、家族の出費は生活費や住居費など基本的なもののみで試算していますが、ここではさらに削減することとしています。また、中学受験対策のための塾代の上乗せをカットし、かかる教育費は全国平均並みとしていますが、第2章で述べた通り「課金ゲーム」ともいわれるほどの中学受験費用を節約するのは誰にでもできることではありませんので、実現するには大きな努力と我慢を要する可能性はあります。

☆結果：生活費や塾代の削減、子どもが成人になったらマイカーを手放すなどの対策をすれば、子ども2人を中学から私立に進学させられる。しかし、暮らしに我慢を強いられる可能性がある。

図6-2-1（対策後）対策前に比べて赤字幅が減少する

年間収支の推移

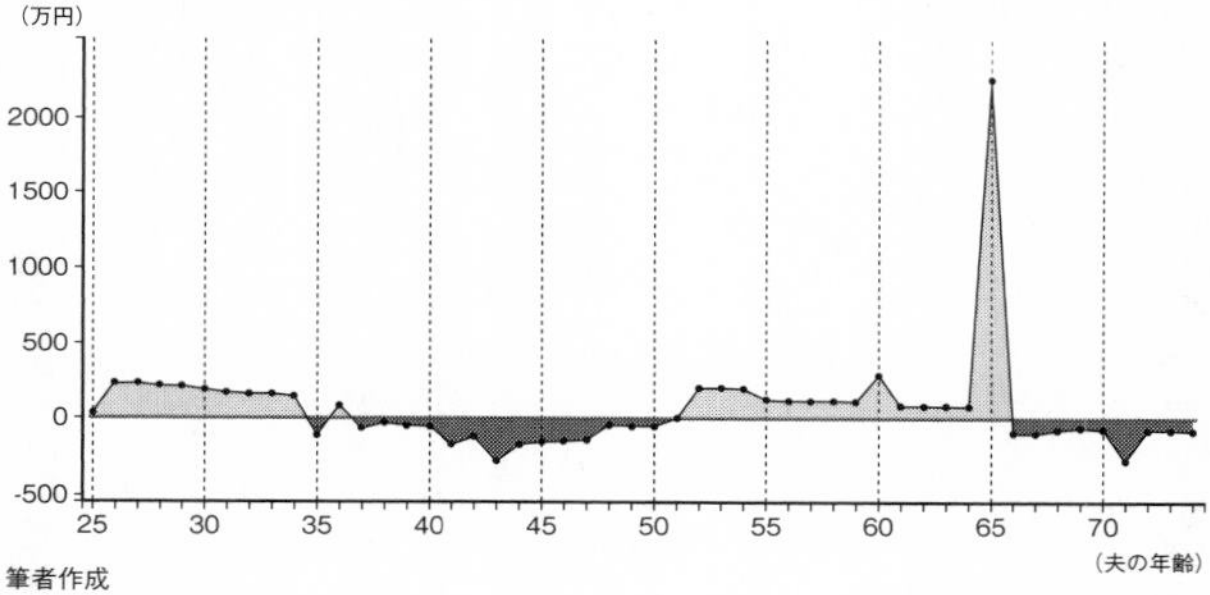

筆者作成

図6-2-2（対策後）貯蓄残高がプラスを維持する

現預金の額の推移

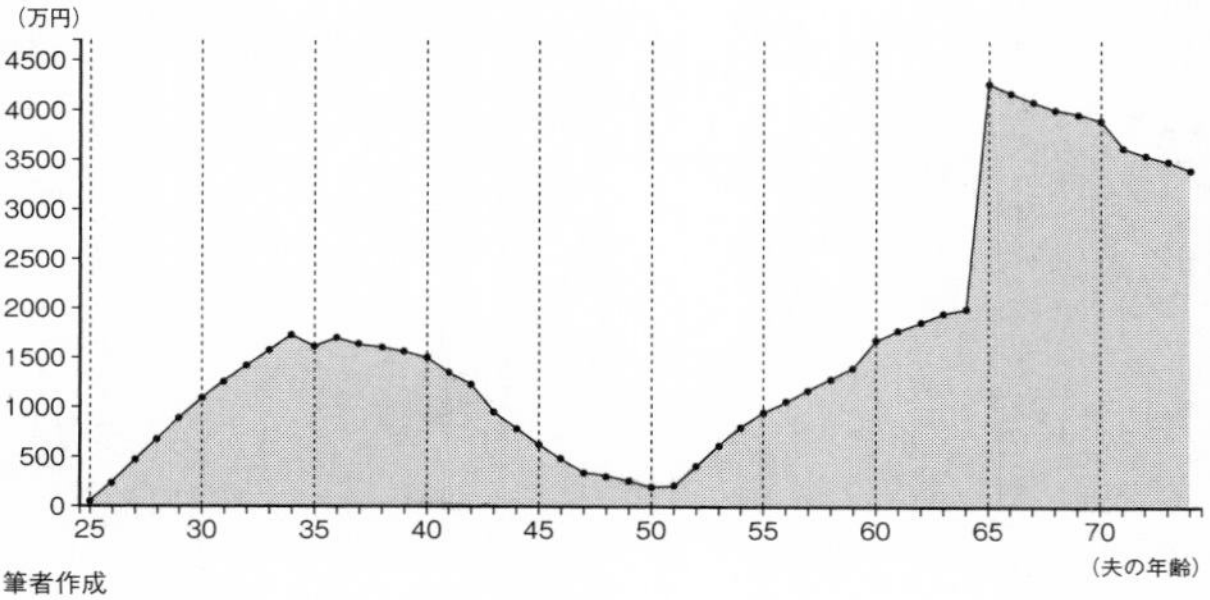

筆者作成

タイコさんが扶養内でパートを始めたら

家計改善策としては、世帯収入を上げることも効果的です。ここでは対策前のシナリオで専業主婦だった妻が次の条件で働くこととしてシミュレーションしてみましょう。

■対策6—②　共働きをする（収入を増やす）

【対策による変更点】

・妻が26歳（第2子1歳）時から65歳まで働く。年収103万円（就業期間中の変動なし）。退職金なし

この対策を講じた後の結果を見ると、妻が働くことで世帯年収は1103万円に増えますので、本書でテーマとしている年収1000万円よりも少し高くなります。この結果、子育て期間中に赤字が続く家計収支の傾向はそれほど変わらないものの（図6-3-1）、妻が65歳まで働き続けることで、子育て期間中に減少する貯蓄残高がマイナスにならずに推移します（図6-3-2）。子育て後の貯蓄残高も対策前のシナリオに比べて高くなり、夫の65歳時点では4000万円を超えます。

図6-3-1（対策後）対策前に比べて赤字幅が減少する

年間収支の推移

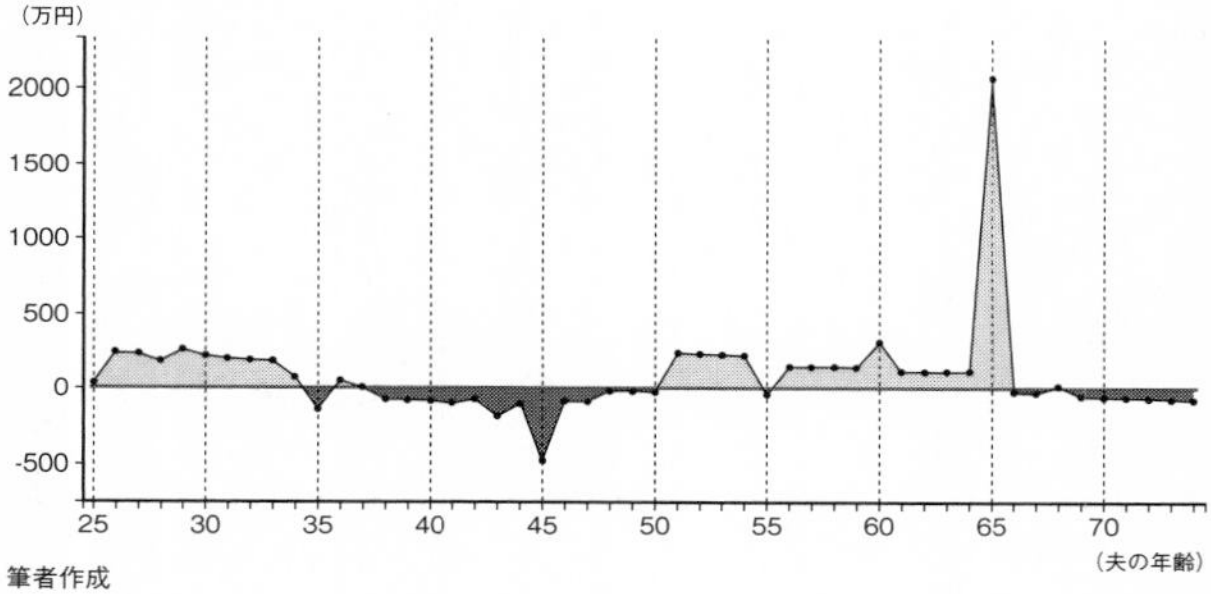

筆者作成

図6-3-2（対策後）子どもの教育費負担による貯蓄減少幅を抑えられる

現預金の額の推移

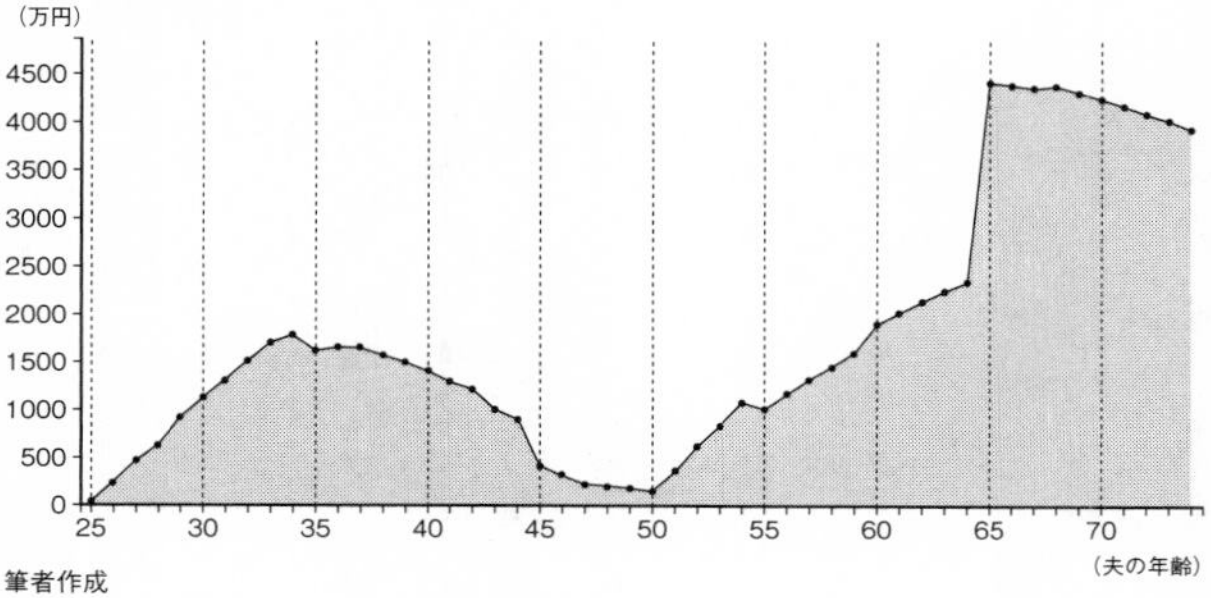

筆者作成

ここでは妻の年収を扶養内である103万円としていますが、もし200万円、300万円になれば、税と社会保険料の負担は増すものの、手取りの世帯収入もそれ以上に増えます。試算期間の途中からでも収入を増やせばキャッシュフローは改善しますし、社会保険に加入すれば妻の年金も増えるため、老後のゆとりが増します。

妻が仕事を始めて外出の機会が増えることで、仕事用の洋服や昼食代などの支出が増える可能性もありますが、子どもの進路の選択肢を維持するためにも、少しずつでも収入を増やす効果は大きいと言えそうです。ここでは収入を上げるのみで支出の削減はしない前提で試算していますが、さらに対策6—①に挙げたような節約を組み合わせることもできます。

☆結果：妻が働いて収入を増やすと、生活水準を大幅に下げなくても子ども2人を中学から私立に進学させる実現可能性が高まる。

【東京都内在住・20代夫婦のケースを通したまとめ】

・子ども1人の場合は小中学校以降に私立に進学したときの家計負担はそれほど重くな

いが、２人の場合は世帯年収１０００万円では家計の力だけでは難しい（**シナリオ４〜６**）。

・改善策が節約のみでは、基本的な生活やライフイベント支出の削減に相当な努力が必要になると考えられ、実現可能性を高めるには共働きなど収入増による対策を組み合わせるのが望ましい（**シナリオ６の対策①・②**）。

「ちびまる子ちゃん」さくら家のリアル

次に、地方都市在住の４人家族の例として「ちびまる子ちゃん」のまるちゃん一家にモデルになってもらいましょう。まるちゃんの父ヒロシの具体的な職業や年収は原作では明らかにされていないようですが、同じ家族構成で世帯年収１０００万円の自営業者と仮定してシミュレーションをしています。

「ちびまる子ちゃん」モデル前提条件

・家族構成　夫婦と子ども2人、祖父母（同居）
　夫：40歳（自営業）

妻：40歳（専業主婦）
第1子：11歳
第2子：9歳
祖父：70歳
祖母：70歳

・年収
現在〜夫54歳：1000万円（個人の事業収入）
夫55〜60歳：890万円（個人の事業収入）
夫61〜70歳：600万円（個人の事業収入）
夫65歳〜：159万円（年金収入。下記参照）

・退職
夫の引退：70歳
退職金：なし

・年金
夫20〜60歳：国民年金加入
夫65歳〜：老齢年金受給開始（受給額は2023年度現在と同じと想定）

・住宅　静岡県。戸建て・庭付き（祖父母所有。20年後に相続により取得と想定）

家賃相当の拠出：年間60万円（夫59歳まで負担）

維持費：年間12万円（固定資産税、火災保険、小規模な修繕費用など。夫60歳以降に負担）、10年ごとに外装・リフォーム代などとして毎回１００万円支出と仮定（夫71歳まで）

住宅ローン：なし

・その他

生活費：月25万円（住居費、教育費、祖父母の生活費含まず）。第１子大学進学後は月23万円、第２子大学進学後は月20万円。物価上昇率１％として毎年上昇すると想定

マイカー：あり。維持費年24万円（ガソリン代、税など）。10年ごとに買い替え、各１００万円支出。夫75歳まで保有

貯蓄：シミュレーション開始時にはゼロと仮定

子どもの進路：各ケースにて設定

その他費用：祖父母それぞれにかかる介護費用年間50万円（祖父へ夫44〜59歳時、祖母へ夫49〜59歳時）、葬儀費用１００万円を負担すると想定

■シナリオ7：地方都市在住・子ども2人・大学は自宅外通学パターン

【共通の前提条件以外の設定】

・子どもの進路

第1子：幼・公立→小・公立→中・公立→高・公立→大・私立文系／自宅外通学

第2子：幼・公立→小・公立→中・公立→高・公立→大・私立文系／自宅外通学

教育費：原則として客観的なデータ上の公私別平均値で設定（幼稚園～高校：文部科学省「子供の学習費調査」、大学：日本政策金融公庫「教育費負担の実態調査」）

※子どもが大学1～4年生の4年間は、仕送り費用を含む（上記資料の平均値・年間95万円を採用）

表4は、1年目の家計収支です。額面年収1000万円の場合、手取り年収は617万円、ここに児童手当による収入や日常生活費などを差し引きした年間収支は183万円の黒字になります。自営業の場合は会社員と税や社会保険のしくみが異なる都合上、会社員のモデルケースに比べて手取り年収が少なくなっています（事業経費などの状況により異なる場合がある）。それでも、これだけの黒字であれば、まだゆとりがありそうに見えます。

表4　1年目の家計収支

収入：1012万円

　事業収入　1000万円

　児童手当　12万円（子ども2人分。所得制限あり〔支給額削減〕）

支出：829万円（四捨五入の関係で合計額にずれが生じています）

　税・社会保険料　383万円

　日常生活費　300万円

　教育費　63万円

　住居費　60万円

　定期支出（マイカー維持費）　24万円

年間収支：＋183万円

この先の子どもの進学や夫の引退といったライフイベントによって変化する家計収支と資産の推移を見たのが、図7－1と図7－2です。

図7－1は、家計収支の推移を示しています。子ども2人が大学に進学し、実家を出

図7-1　子ども2人の大学進学時に数百万円の赤字。老後も大幅赤字が続く

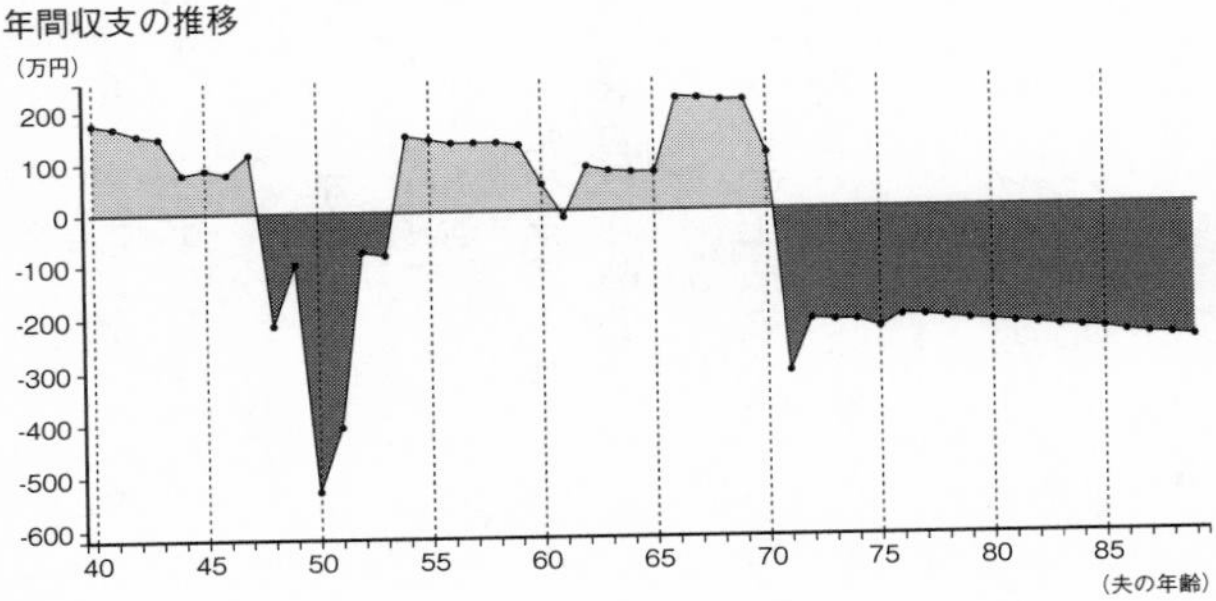

筆者作成

図7-2　貯蓄が十分にできず、子どもの大学進学で借金状態に。老後は70代でショート

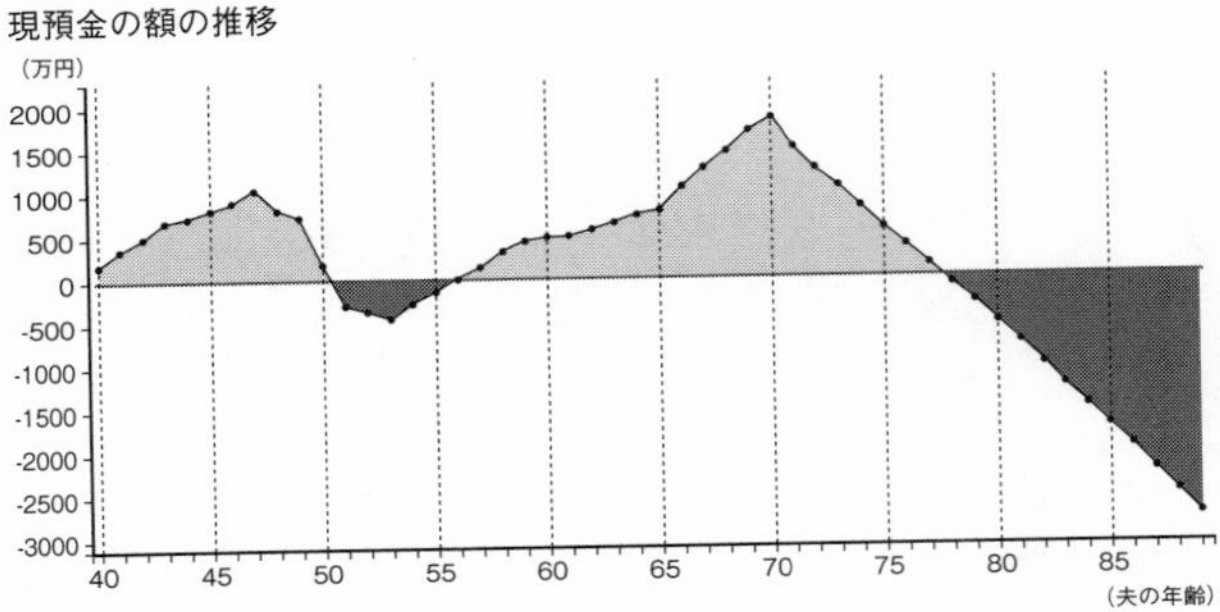

筆者作成

て自宅外通学を始めると、数百万円規模の大幅赤字になります。ピーク時には年間の赤字額が５００万円を超えてしまいます。また、夫が引退する70歳以降の収入が国民年金のみであることが影響し、その後も大幅な赤字が生涯にわたって続きます。

預貯金残高の推移を表した図７－２では、子どもの大学進学時期に貯蓄がマイナスになります。子育てが一段落するとその後は貯蓄が増えていきますが、夫の引退後に再び貯蓄の取崩しが続くことで、残高は7年後の77歳時点でゼロとなってしまいます。

このケースは祖父母の自宅に同居し、住宅ローン返済がないため、他のモデルに比べると家計にゆとりがあるかと思いきや、子ども２人の大学費用と自宅外通学するための仕送りが重荷になっています。設定している仕送り額は全国平均値と同額であり（年間95万円、日本政策金融公庫の調査による）、決して子どもにぜいたくをさせるレベルではないのですが、親の生活がままならないほどのダメージになってしまっています。

加えて夫の仕事が自営業で厚生年金や退職金がないことも、老後のキャッシュフローを深刻な状態にしています。

☆結果：子ども2人が大学で自宅外通学の場合、学費と仕送りが家計に甚大な負担とな

る。夫が自営業で退職金がなく年金も手薄なため、老後資金が十分に準備できず、貯蓄が70代で底をついてしまう原因にもなる。

まる子とお姉ちゃんが奨学金を借りたら

子どもの大学進学が経済的な負担となる場合に、選択肢に挙がる対策のひとつが奨学金です。全国で最も利用者が多い日本学生支援機構の貸与型奨学金などには所得制限があり（第2章参照）、世帯年収1000万円前後を超えると諸条件によっては利用できませんが、このケースでは何らかの奨学金を利用できると想定して試算しました。

■対策7―① 子どもが大学で奨学金を借りる

【対策による変更点】
・教育費：子ども2人がそれぞれ年間120万円、4年間（大学1～4年生時）奨学金を借りる（利用総額960万円）

対策を講じた後の結果を見ると、子どもの大学在学中の家計赤字は完全には解消しま

図7-2-1　（対策後）対策前よりも赤字年が減少する

年間収支の推移

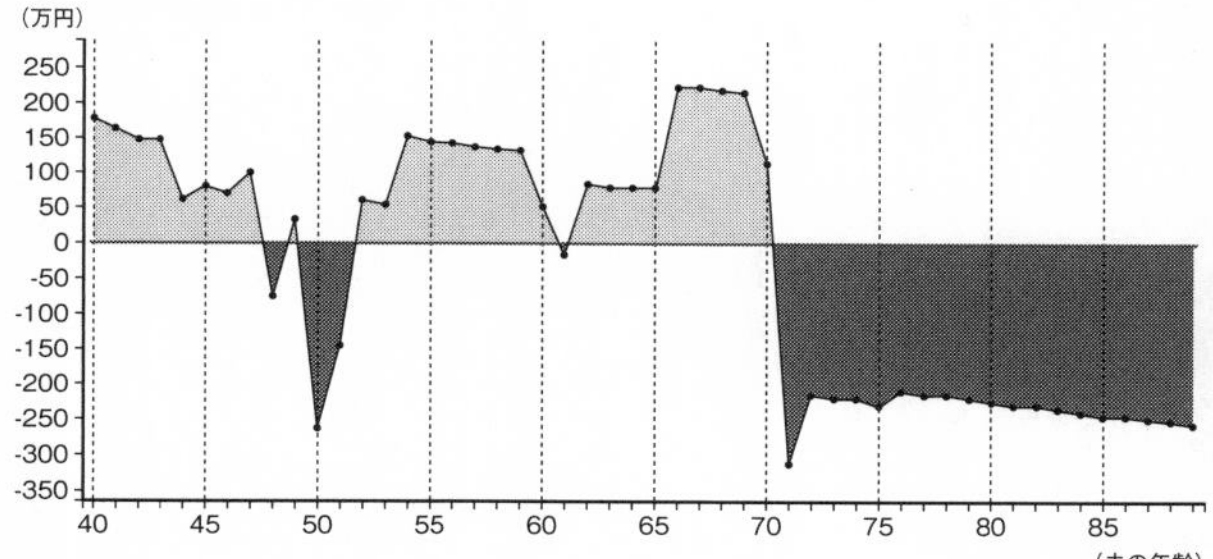

筆者作成

図7-2-2　（対策後）現役期間中の貯蓄残高がプラスを維持する

現預金の額の推移

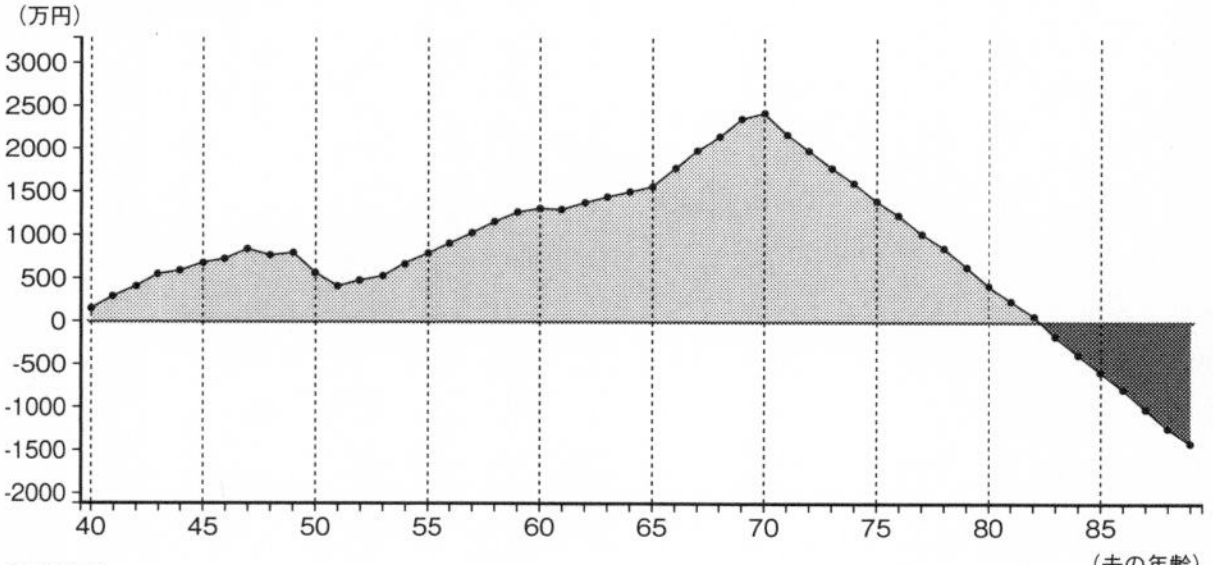

筆者作成

せんが、一部黒字に転じます。赤字額が最も多い年でも、赤字幅は対策前の約500万円から約250万円へ半減します（図7－2－1）。貯蓄推移もプラスを維持し、老後に向けて増やしていくことができます（図7－2－2）。

しかし、奨学金収入は子どもの大学在学期間中の家計改善には効果的であるものの、長期的な収入増にはなりません。大学費用の出費が抑えられた結果、引退時である夫70歳時点の貯蓄額は対策前に比べると増えるものの、夫引退後の赤字幅はほとんど変わらないため、夫婦の老後資金対策は別途必要です。

なにより、子ども2人に大学4年間で480万円ずつの奨学金を利用させることは、すなわち大学卒業時点でそれだけ高額な借金を背負わせるということにもなります。

年間120万円という額は、奨学金を利用する自宅外通学生のなかでもかなり高額（平均年間42万円）で、子どもの将来を考えても親として安易にとれる手段とはいえません。

☆結果：子ども2人が奨学金を借りれば貯蓄のマイナスは避けられるが、子どもの将来にリスクは残る。夫婦の老後資金も不足する恐れがある。

ヒロシが現役期間を延ばしたら

そこで、教育費と老後資金の両面で対策をしたのが対策７―②です。自営業の場合、加入する年金が国民年金のみで基本的には退職金がないことがデメリットですが、反面で定年退職がないため、本人の裁量で現役期間を延ばすことも可能です。そこで、夫の引退を70歳から75歳へ変更するとともに、教育費負担の軽減策として仕送り額を削減した試算結果が次の通りです。

■対策７―②　現役期間を延ばす＋子どもへの仕送り額を減らす

【対策による変更点】

・夫の就業期間：70歳→75歳まで延長（年収６００万円。期間中変動なし。退職金なし）

・教育費：子ども２人それぞれ４年間（大学１～４年生時）の仕送り額を年間50万円削減（削減総額４００万円）

これらの対策を講じた後の家計収支を見ると、子ども2人の大学在学中に大幅赤字になる状況は変わりませんが、赤字幅はわずかながら縮小しています（図7－3－1）。対策前のシナリオではマイナスになっていた貯蓄残高も、最も少なくなる子どもの大学在学期間中でもギリギリ残りそうです（図7－3－2）。また夫が75歳まで働くことで、対策前は赤字だった70～75歳の5年間の家計収支が黒字に転じます。その結果、預貯金は夫75歳時点で約3000万円まで増えます。引退後は取崩しが続きますが、対策前は77歳までしかもたなかった残高が対策後は88歳まで維持できるようになります。

ただ、この対策では夫70～75歳の年収を600万円と設定していますが、とても簡単に実現できる金額とはいえません。また、健康を維持してこそ実現できるもので、もし途中で病気やケガをすれば難しくなるおそれがあります。同居している祖父母の病気や介護費用が想定以上に嵩むと、それも負担になるでしょう。

住居費に関しても、このケースは両親の実家に同居しており夫が現役中の負担が少ないのは強みですが、夫が老後を迎える頃にはかなり築年数が古くなるため、試算上で設定しているリフォーム費用では足りなかったり、建て替えや住み替えが必要になる可能性もあります。

図7-3-1　（対策後）黒字期間が５年間増える

年間収支の推移

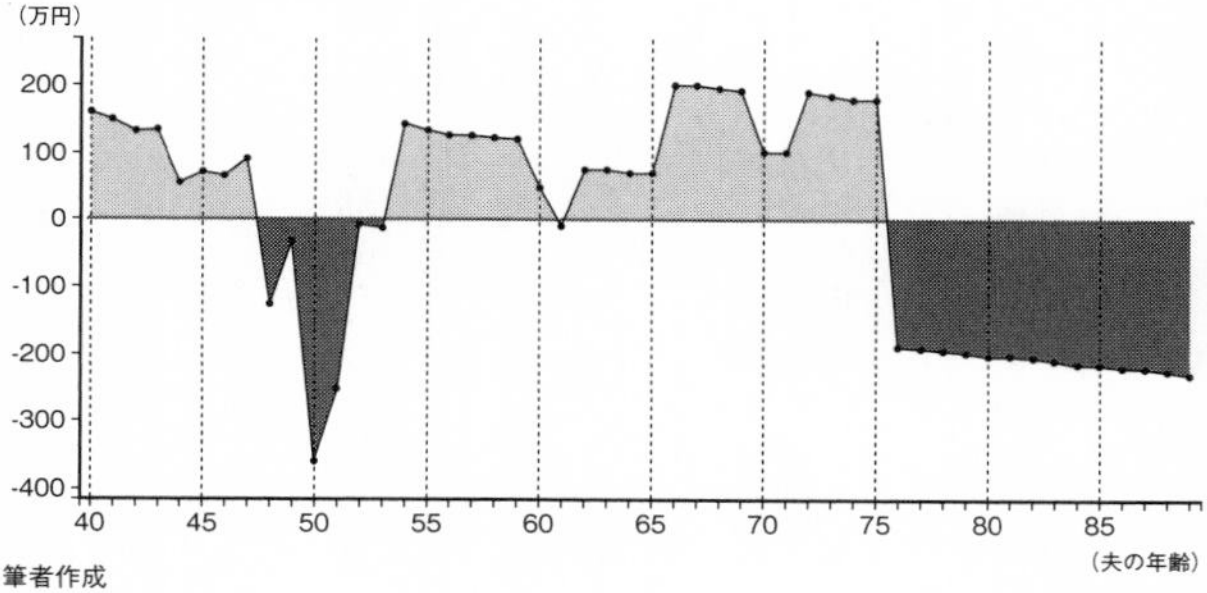

筆者作成

図7-3-2　（対策後）貯蓄残高がプラスを維持し、夫75歳時点では約3000万円に

現預金の額の推移

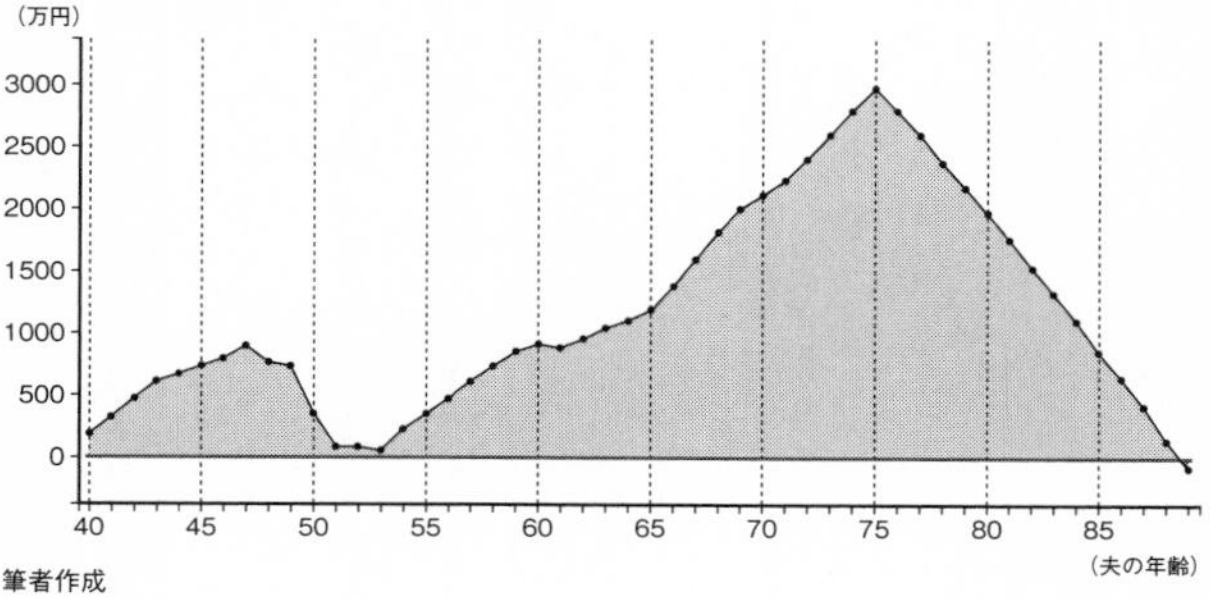

筆者作成

なにより対策の結果仕送り額が半減する子ども2人は、学費や生活費の補塡のためにアルバイト等で働く必要が出てくるでしょうし、結局、奨学金を利用することにもなるかもしれません。

☆結果：地方都市在住・子ども2人が大学で自宅外通学の場合、仕送り額を減らし、夫の現役期間を延ばせば家計は改善する。しかし親子ともに生活のゆとりが得られるほどにはならないと考えられる。

「子育て」と「老後」を両立する難しさ

ここまで様々なパターンで、年収1000万円の子育て世帯の家計をシミュレーションしてきました。居住地域、年代、働き方、家族構成の組み合わせは多様で、すべてを網羅しきれてはいませんので、この試算結果だけで実際の個別家計に当てはめて解釈できるわけではありません。

一方で今回の試算結果では、試算開始から数年は黒字であっても、特に子どもの大学進学期間はほとんどのケースで赤字を経験するという共通点が見られました。年収10

００万円世帯でも、子どもが小さいうちは多少のゆとりがあっても、数年から十数年のうちに状況は一変してしまうのです。子どもが大学に行くと家計がきついというのは一般的にもよく言われることですが、シミュレーションで数字に表すと改めて負担の重さを実感できるのではないでしょうか。

また、教育費負担とともに大きな問題になるのが老後資金計画です。夫婦の年齢が若いうちに子どもが生まれ、子育てが一段落してからの現役期間が長かったり、企業年金や退職金が手厚いといった場合は多少のゆとりがありますが、一方で平均寿命以前の年齢で貯蓄が底をついてしまったり、前提条件が少しでも変わればたちまち厳しくなりそうなケースもありました。試算では開始時点の貯蓄額をゼロとしていますので、もし既に貯蓄があれば話は違ってきますが、それでもなお子育てと老後のお金を両立する難しさがうかがえます。年収１０００万円世帯でも、老後破綻は決して他人事ではないのです。

第5章　お金の育て方

お金の対策を考える

　ここまで、年収1000万円世帯の家計の事情について、子育て世帯を中心に住居費・教育費・生活費の切り口から概観してきました。また、国民的アニメに出てくる家族を参考に、それぞれ異なる家族構成、居住地域、働き方、子どもたちの進路などのパターンを組み合わせてシミュレーションをすることで、同じ「世帯年収1000万円」でも条件によって生活のゆとりやライフプランの選択幅に差が生まれることがおわかりいただけたかと思います。

　とりわけ子育て世帯では、目先の家計収支にはゆとりがあっても、長い人生を見据えると子どもの教育費と自身の老後資金を両立するのは思いのほか難しいというケースが珍しくありません。

第4章では家計改善のための対策と効果の一例をご紹介しましたが、家計の赤字期間が長かったり、赤字による貯蓄残高の減少があまりにも大きい場合には、ひとつの手段だけでは十分な効果を見込めないことがあります。そこで、いくつかの対策を改めてまとめてみましょう。

家計改善の方法は十人十色

家計の改善策は多様で、個々の家庭の状況や家族の価値観・希望などに応じて適切な方法が変わってきます。主に次のような対策が挙げられます。

＊支出の対策

・毎月の生活費を数万円単位で減らす

月々の支出を長期間にわたって少しでも減らせれば、意外と大きな改善につながることがあります。

まず検討したいのが固定費の削減です。一度見直せば、その後ずっと節約効果が続きます。生命保険や自動車保険、携帯電話、インターネットの料金プラン、電気やガスの契約先やプラン見直し、不要なサブスクリプションの解約などは、期待できる節約効果は月々数百円～数千円ですが、年間にすると数万円以上になることもあります。

金額の大きな固定費には住宅ローンやマイカー費用、子どもの教育費などもありますが、生活や人生プランへの影響度が高いうえ、削減には手間と時間がかかるので、いきなりこういった費目に手を付けるよりは、取り組みやすいものから節約の成功体験を重ねていくと、モチベーションも上がります。

ただ、最近はすでに生命保険はネット保険で掛け捨て型のみ加入、スマホは格安ＳＩＭを使用、電気は最安の会社や料金プランに乗り換え済という家庭も多く、それ以上の節約の糸口が見つかりにくいケースもあります。

年収１０００万円前後の世帯の無駄遣いというと「〝自分たちは高所得世帯だから〟と油断して、生活水準を下げられないために貯金ができないのだ」という論調のネット記事などをよく目にしますが、筆者の実感としてそのような例は世間で言われるほど多くないと感じます。先に挙げた節約にすでに取り組んでいるにもかかわらず貯まらないとか、子育てや共働きの生活上やむを得ずかかる支出が家計を圧迫しているという人の方が多いのです。

家計が苦しい状態が長く続くようなら、いずれ何かは削らなければなりませんが、負担の原因が必要不可欠な出費である場合、「無駄遣いを減らす」「とにかく節約する」という考え方だけでは根本的には改善しないこともあります。第4章のシナリオ6（東京都内在住・子ども2人が中学から私立に進学するケース）の対策6―①でも、毎月の生活費を2万円ずつ削減するだけでは十分な効果が得られず、他の方法を組み合わせています。

＊収入の対策

・収入を増やす・働き手を増やす

出ていくお金を減らすとともに効果的なのが、入ってくるお金を増やすことです。昇給や転職などで収入を増やすことができれば、効果を望めます。しかし経済や勤務先の状況によるところが大きいので、個人の努力では変えにくいものでもあります。残業を増やすのも手ですが、収入が上がっても労働時間が増えれば心身への負荷も高まりますし、子育て世帯では育児・家事との両立がますます困難になります。ですから、そう簡単に実現できることではありませんが、勤務先で認められるなら副業を始めるとか、世帯収入を上げるために共働きをするという方法もあります。第4章の対策6―②でも、妻がパート勤務をして収入を増やすことで、家計改善につなげています。実際、夫婦どちらか一人の収入だけで生活していくには限界があるという理由で、共働きをしている世帯は少なくありません。

ただ、第3章でも触れたように、共働きと子育てを両立するのは決して楽なことではないため、「共働きのための出費」が増える可能性もあります。また、収入増によって諸制度の所得制限に引っかかったり、扶養から外れて税金や社会保険料の負担がかえって増すリスクにも注意したいところです（２０２３年10月以降、社会保険加入による手取り収入減への対応策もある）。

・働く期間を延ばす

老後の貯蓄額を増やすという観点では、働く期間を延ばすことでも一定の効果を見込めます。会社員の場合は再雇用や雇用継続などで60代後半や70代まで働く、それが叶わない場合や再雇用の満了以降にはアルバイト等で働いて一定の収入を得ることができれば、定年退職を機に給与収入が急にゼロになることを防げるので、経済的にも精神的にも安定につながるでしょう。

自営業の場合には自分で引退時期を決めることができます。第4章の対策7―②でも、夫の引退時期を5年延ばすことで家計改善につなげています。将来の年金の給付率低下や支給開始年齢の引き上げなどのリスクに備えて、現況の家計にかかわらず、老後の収入増に向けた手立てを考えておくことが重要です。

＊住居費の対策

・住宅の物件予算を下げる

これからマイホームを購入するタイミングであれば、物件の予算を下げることは大きな効果を見込める方法の一つです。

第1章では、住宅ローンの借入額が8000万円と5000万円の場合での返済額の違いに触れていますが、価格が1000万円変わるだけでも負担は大きく違ってきます。

住宅ローンの借入額や利息の負担額はもちろん、頭金をどれくらい充当するかということも、住宅以外のライフプランのための貯蓄可能額を大きく左右します。返済期間が変われば、子どもの大学進学時期の資金繰りや、仕事のリタイア時期、老後資金計画にも影響します。

・住宅ローンの繰上げ返済・借り換え

既にマイホームを購入済なら、住宅ローンの繰上げ返済や借り換えによって月々の返済額を軽減したり、返済期間を短縮してキャッシュフローの改善を期待できます。

繰上げ返済は月々の返済とは別にまとまった金額を元本の返済に充当するものです。インターネット上では手数料なしで随時繰上げ返済ができる金融機関もあります。しかし、住宅ローン減税を適用する場合には繰上げ返済をすることで残債が減り、税軽減効果が小さくなったり、返済残期間が10年未満になって減税対象から外れたりしないよう注意が必要です。

なにより、まとまった金額を繰上げ返済に充当すると貯蓄が減りますので、教育や生活に支障が出ないよう、現在の貯蓄額や近い将来の大きな支出を十分に考慮してから行うことが大切です。

借り換えは、金利の高いローンから低いローンに変更する方法です。手数料がかかりますので、手数料以上の効果を得るには、一般的に①ローン残高が1000万円以上、②残りの返済期間が10年以上、③金利差が1％以上あることが目安とされます。ただ、条件によっては金利差がそれほどなくても効果が出るケースもありますし、目安に該当しても十分な効果が得られないこともあります。

＊教育費の対策

・習い事・塾を減らす

子どもの習い事や塾の費用の多くは月ごとなどの定期的な固定費です。たくさんの習い事や塾を掛け持ちしているなら、取捨選択をする余地があるかもしれません。

塾は受験目的か補習目的か、また志望校などの目標によって考え方が変わってきます。子どもの学力や進路に関わることとなると簡単に削減できるものでもありませんが、もし漫然と通っているなら見直したいところです。夏期講習や冬期講習などの受講数を減らすのも、短期的ではありますが出費を抑えることができます。

・進学先を私立から国公立へ変更

子どもの進学先を私立から国公立へ変更することで、学費の支出を抑えることができます。第４章のシナリオ１、２では子ども２人が中学・高校で公立に進学するパターンと私立に進学するパターンをそれぞれ試算しましたが、公私の違いで老後までに貯められる貯蓄額に１０００万円以上の差が出る結果となりました。

私立の方が国公立よりも学費が高いのは大学も同じですが、大学の場合は第２章でお話ししたように、国立でも４年間で約５００万円と高額な在学費用が必要となるため、私立大学４年間の費用（約７００万円）との差は２００万円程度に留まります。

一方で中高６年間での公立・私立の差は４００万円以上（公立約３１５万円、私立約７４５万円）ですので、中高一貫校を想定するのであれば、進学先を私立から国公立に変更することによる支出削減効果は大学よりも中高時のほうが大きいといえます。

ライフプランの面でも、子どもが中学生や高校生の頃までは親が40〜50代で収入が安定している傾向がありますが、子どもが高校を卒業する頃には親はリタイアに向けて年収が下がったり、定年退職を迎えたりするという家庭が一般的です。このため子どもの中高時代には家計の力で学費を払うことができても、大学進学以降には家計が厳しくなるおそれがあります。

しかし、大学受験を控えた子どもに対して「進学するなら国公立だけ」と制限するのは躊躇《ためら》われる家庭も多いでしょう。経済的な事情で進学先大学の選択肢を狭めるぐらいならば、中高時代（または中学3年間だけでも）に公立に通わせてその期間中に貯蓄をしておけばよかったということにもなりかねません。子どもの大学進学時は老後までの期間も短く、この時点から貯蓄を始めても十分な金額には至らない可能性があります。

子どもの進路は家庭の教育方針や子どもの希望にも関わることなので正解はありませんが、ことお金の面で言えば、大学進学を迎えてから「あの時こうしておけば」と後悔することがないよう、前もって計画を立てておきたいところです。

・大学への通学を自宅外から自宅通学に変更

遠方の大学に進学して親元を離れる場合には、一人暮らしのための費用などいっそう負担が増します。第4章のシナリオ7（地方都市在住・子ども2人のケース）でも、子ども2人が自宅外から大学へ通学するための仕送りが家計に大きな負担となっていました。お金の面では、自宅から通学してもらうほうが圧倒的に負担を軽減できます。

ただ、遠距離の通学は本人の負担になるでしょうし、地域によっては自宅から通える大学の選択肢が限られてしまい、進学するなら一人暮らしをするしかないというケースもあります。生活費や学費のために子どもがアルバイトをして収入を補うこともできますが、学業との両立が難しくなるというリスクも考えなければなりません。家族で十分に話し合ってから取れる手段でしょう。

・奨学金・教育ローンを借りる

大学の学費や一人暮らしの費用を補うために貸与型奨学金や教育ローンを借りる方法もあります。第4章の対策7―①では、貸与型奨学金を借りることで家計改善を図りました。

しかし、教育ローンは親が、貸与型奨学金は子どもが卒業後に返済（返還）していくことになります。貸与型奨学金の場合、社会人になった子どもが十分な経済力をつけてくれれば問題ないかもしれませんが、就職後の給与やその後の転職などによっては途中で返済が難しくなる可能性もあるため、慎重に検討する必要があるでしょう。

・給付型奨学金・特待生を目指す

返済が不要な給付型奨学金や学校の特待制度を利用することができれば、負担軽減になります。大学生向けの国の給付型奨学金は低所得者に対象が限られますが、一部の大学が独自に提供している給付型の制度には所得制限がないものもあります。

入学試験の成績が優秀な学生を対象に入学金や授業料を免除する特待制度は、一部の私立中学・高校にも設置されています。入学後の成績しだいで、2年次以降に特待生になれる学校もあるようです。

大手塾のなかにも、成績優秀者の授業料を減免しているところがあります。子どもの成績しだいではありますが、こういった優遇制度の活用を目指すのも一つの手です。

＊ライフイベント支出の対策

・車の予算を下げる、買い替え頻度を減らす、マイカーをやめる

マイカーを所有する場合には維持費や買い替え費用が定期的にかかります。コスト削減のため、車のスペックを下げる、買い替えの頻度を減らすことなどが考えられます。居住地域により実現可能性は異なりますが、マイカーの必要性がそれほどなくなったら手放すのもひとつの策です。第4章のシナリオ6の対策6―①でも、子どもの成長後に

マイカーを手放し、買い替え回数や老後の維持費を削減しています。収入が下がる老後の家計にとっては固定費であるマイカー費用の負担は軽いとはいえませんし、高齢になれば事故の心配も出てきますから、代替の交通手段を検討してもいいでしょう。

・旅行の予算を下げる、頻度を減らす

頻繁に旅行に行く家庭では旅行費用が負担になることもあります。家族全員で出かけると交通費や宿泊費が人数分かかりますし、特に海外旅行は高額になりがちです。適度に楽しみながら、家計を圧迫しない予算や頻度を検討したいものです。

ここまでに挙げた家計改善策は、節約をしたり収入を増やしたりと、努力を要するものが中心です。家族の将来のことを考えると、日頃からある程度の節約意識や努力は必要ですが、長い人生をずっと個人の努力だけに頼り続けるには限界があります。途中で状況が変わり、思うように続けられなくなるリスクもあります。

そこで収入増や節約とともに試したいのが、お金を育てる工夫です。本書では全体を通して子育て世帯のお金についてお話ししてきましたが、子どもと同じようにお金を育ていくことも考えてみるとよいのではないでしょうか。
ここでは特に重要な教育資金と老後資金の育て方を考えてみましょう。

失敗しない教育資金計画

子どもの教育費は、大学まですべて国公立に進学しても1人1000万円以上かかることは第2章でお話ししたとおりですが、特に高額なのは大学に進学した場合に在学中の4年間でかかる費用です。つまり子どもが生まれてすぐの段階で高額な教育資金が手元にないといけないわけではありません。大学進学を見据える場合、子どもが生まれてから高校を卒業するまでの約18年間は、月々の家計収支のなかで生活費とその時々に必要な教育費をまかないながら、同時進行で大学などへの進学資金を貯めていくのが一般的な資金計画です。

たとえば高校まで公立校に通う場合、高校卒業までに子ども1人にかかる教育費は総額574万円です。実際は時期によって出費に差はありますが、単純に生まれてから高校卒業までの18年間で均すと、1カ月あたり約2万7000円になります。

また、その後国公立大学に進学すると想定して、大学4年間でかかる平均費用481

万円を18年間かけて貯めるとすると、月々に必要な貯蓄額は約２万２０００円になります。つまり、子どもが生まれたら、学費と貯蓄のために１カ月あたり平均４万９０００円、年間で約59万円を18年間用意し続ける必要があるという計算になります。

このうち貯蓄分を預金で準備する場合、すでに利用している銀行で積立定期預金などを開設すると、毎月決まった日に決まった金額が普通預金から振り替えられるので、自分でお金を移し替えなくても自動的に貯めることができますし、生活資金などと混同する心配もありません。

子どものために子ども名義の預金口座を作ることもできます。14歳以下の子ども名義の場合は親権者が口座開設手続きをします。子ども名義で貯金するので、子どもの教育資金だとわかりやすく、後で他の目的で引き出してしまうのを防ぎやすいというメリットがあります。ただ、親名義の口座から子ども名義の口座へお金を移し替えるには振込みの手間や金融機関によっては手数料がかかること、社会通念上、教育費や生活費として相当とされる範囲を超えた金額を送金すると、贈与とみなされる恐れがあることは注意したいところです。

いずれにしても預金は入出金がしやすいので、必要になればすぐに引き出すこともできます。子どもの進学先が当初の予定と変わり、急遽お金が必要になったようなときにも対応できるので、教育費を貯める方法としては使い勝手がよいといえます。ただし金利水準が極めて低いので、お金を増やすという面ではほとんど期待できません。

一方で、前述の教育資金計画はあくまでも現在の平均額を前提に計算したものなので、わが子が進学する頃には学費が値上げされている可能性があります。長期間かけて教育資金を準備する際は物価上昇リスクに備えるという観点で、預金だけではなく利回りの高い方法を組み合わせることも検討してみましょう。

学資保険vs.NISA

子どもの進学時まではお金を引き出さないことを前提に考えるなら、学資保険も手段のひとつです。受け取り時期を子どもの大学入学時期に合わせて設定し、保険料を払い込みます。保険の一種ですので、契約中に契約者（親など）が死亡した場合などにはその後の保険料払い込みが免除され、受け取り時期が来たら当初の予定通りの学資金（満期金）を受け取ることができます。親が万が一のときにも、まとまった教育資金を子どもに残すことができるということです。取り扱う保険会社や選ぶプラン、契約時の子どもの年齢によっては払い込んだ保険料の総額より学資金などの受け取り総額が高くなることもありますので、お金を貯めながら増やす手段にもなり得ます。

第４章の家計シミュレーションで登場した野原ひろし家の長女ひまわり（０歳）を例に取り、18歳のときに満期金５００万円を受け取る前提で、ある保険会社で試算すると、月々の保険料は約２万２５００円、払い込む保険料の総額は約４８７万円になります（契約者が35歳男性、子どもが０歳、18歳満期の場合）。払い込んだ保険料に対して受け取る金額が３％ほど多くなります（返戻率１０２・６％）。

定期預金であれば執筆時現在の金利年０・００２％で計算すると、18年後に５００万円を達成するには毎月２万３２００円貯めなければなりません。学資保険なら、同じ目標額でも月々の負担がわずかながら少なくなります。

満期前にも別途で一時金を受け取るプランを選べば、中高で私立に進学する場合に対応できることがありますが、それ以外で満期前に引き出すには保険契約を解約せねばなりません。そうすると払い戻される金額が払い込み済みの保険料を大幅に下回る可能性があります。また、前提条件によってはたとえ満期まで継続しても、払い込んだ保険料総額に対して満期金が下回ることもあり得ます。

加えて学資保険は加入できる子どもや親に年齢制限があり、多くは子どもが3歳や6歳といった幼い時期までしか申し込めません。第4章で登場した野原家には長男しんのすけ（5歳）もいますが、5歳からでは学資保険に入れないことがあります。契約者には健康に関する告知義務もあるので、親に持病があると加入できない可能性もあります。

できるだけお金を増やすことを優先的に考えるなら、多少リスクがあっても、資産運用にチャレンジしてみるのも一案です。先ほどと同じく18歳までに５００万円を準備するために、０歳から積み立てたお金を使って株式や投資信託などで運用すると、仮に運用期間中の利回りが年平均３％の場合には毎月必要な積立額は約1万７５００円になります。運用による収益が出ると、預金や学資保険よりも月々に積み立てる金額が５０００円ほど少なくても目標額に届きやすいのです。

最近はＮＩＳＡなど国の税制優遇制度が充実してきており、これを活用して運用効率を高める期待もできます。ＮＩＳＡは毎年所定の金額まで株式や投資信託に投資をしたときに、値上がり益や配当金・分配金による収益に対して通常かかる20・３１５％の税がかからない制度です。課税がないので、利益の全額が手取りになります。

株式や投資信託には値動きがあり元本保証がないので、値下がりなどで損失が出るリスクには十分留意が必要ですが、子どもの幼少時から長期にわたった教育資金作りが可能な場合には、活用できるかもしれません。

ＮＩＳＡ制度は２０２４年に新しくなる予定で、従来の制度（一般ＮＩＳＡは年間１２０万円、つみたてＮＩＳＡは年間40万円、ジュニアＮＩＳＡは年間80万円　※ただしジュニアＮＩＳＡは２０２３年末で廃止）よりも非課税で投資できる上限額が拡大します。新制度では積み立て用の「つみたて投資枠」として年間１２０万円、主に株式や投資信託などの一括投資向けに「成長投資枠」として年間２４０万円、合計で年間３６０万円まで非課税で投資できます。また、生涯を通して１８００万円の投資枠を利用でき、一度利用した非課税枠は、株式や投資信託を売却すれば再利用ができるようになります。また、これまでのＮＩＳＡは期限付きでしたが、新制度では無期限になるので、18年間は子どもの教育資金の準備のため、その後は自分の老後資金準備のために、という使い方も可能でしょう。

老後資金の育て方

子育て期間は、住居費に教育費に生活費にと、あらゆるお金の負担に追われる時期なので、日々家計をやりくりするだけで精一杯で、自分の老後のお金までほとんど手が回らないというのはよくあることです。第4章の家計シミュレーションにおいても、年収1000万円世帯でもあまり老後資金が貯まらないケースが散見されました。

しかし、公的年金の給付水準の低下、「サラリーマン増税」による退職金への課税強化の検討（2023年現在）など、現在の現役世代の老後はリスクにあふれています。可能ならば子育て期間中から少しでも老後資金を準備し始めたいものです。

前述のNISAとあわせて老後資金を準備する方法として近年注目されているのが、個人型確定拠出年金（イデコ、以下iDeCo）です。確定拠出年金は老後資金を準備するための制度で、企業で退職金制度のひとつとして導入されている「企業型確定拠出年金（DC）」のほかに、個人で任意加入する制度としてiDeCoがあります。企業型は制度を導入している企業の会社員しか加入できませんが、個人型のiDeCoは20歳以上65歳未満なら原則、誰でも加入できます。

iDeCoは、自分で選んだ金融機関に口座を開設して、毎月一定額を積み立てて利用します。積み立てたお金で、各金融機関が揃えている預金や積立型の保険、投資信託のなかから選んだ金融商品を買付けます。これを老後まで繰り返し、原則60歳以降に受け取ります。運用した成果が老後に受け取る年金の原資になるため、運用実績によって将来に受け取る年金額が変わります。投資信託のように値動きがあって元本保証のない運用商品を選ぶと元本割れのリスクがある一方で、運用成果が好調であれば積立額を上回る金額を受け取れる期待もできます。

ＮＩＳＡと同様に、ｉＤｅＣｏでも値上がり益や配当などで得た利益は非課税になります。このほかにｉＤｅＣｏで特徴的なのは、積み立てた掛金や老後の受け取り時にも税制優遇措置があることです。ｉＤｅＣｏに積み立てた掛金は全額がその年の所得控除の対象になり、所得税や住民税が軽減されます。たとえば年収１０００万円で月１万円を積み立てた場合は年間約３万６０００円、これを25年間続けると総額90万円の税額軽減効果があります。積立・運用したお金を老後に受け取るときにも、課税対象にはなるものの所得控除の対象になるため、税負担が少なくなるしくみになっています（ただし２０２３年現在、受け取り時の課税ルールの変更が検討されており、今後改正される可能性あり）。つまり、投資信託のように値動きのある金融商品に投資をせず、預金や積立型の保険といった元本が確保される代わりに運用益が出ない、もしくは少ないタイプの商品を選んだとしても、ｉＤｅＣｏでは一定の節税メリットを享受できるのです。

公的年金のみvs.iDeCo

iDeCoを活用すると、老後資金はどれくらい変わってくるのでしょうか。一例として、第4章に登場したちびまる子ちゃんのヒロシと同じく自営業の人が40歳からiDeCoに加入してお金を積み立て、運用して老後に受け取る場合を見てみましょう。

第4章のシナリオ7（地方都市在住・子ども2人・自営業のケース）をもとに、年収1000万円の人がiDeCoを利用した場合の資産額のシミュレーションをしてみました。40歳から53歳までは子どもの教育費にお金がかかる時期と想定してiDeCoの積立額を月1万円とし、その後65歳になるまでは老後資金を積極的に準備する時期として月3万円を積み立て、いずれも75歳で受け取りを開始するまで年利回り3％で運用を続けたという想定で試算しています。

196ページの上段のグラフは、iDeCoを利用せずに預貯金だけを保有した場合の資産推移で、奨学金を借りた場合の図7－2－2と全く同じものです。この資産のうち前述の金額をiDeCoで運用したとして試算したのが、下段のグラフです。iDeCoのために総額で564万円のお金を積み立てるため、それだけ預貯金額は減りますが、仮に年平均利回り３％で運用し続けたとすると、元本と運用益を合わせたｉＤｅＣｏの資産額が74歳時点で１０００万円を超えます。年金として受け取りを始める75歳以降は資産額が徐々に減っていきますが、預貯金と合わせて85歳までは資産が残る計算になります。ｉＤｅＣｏなしの試算では82歳で老後資金が底をついてしまうところが、プラス３年分のお金を確保できることになるのです。

ここでは運用利回り年３％の例を掲載していますが、３％という数字が高いのか低いのか見当がつかない、もしくはそんなにうまくいくはずがないと感じる方もいるかもしれません。たしかに、投資信託など値動きのある商品での運用は市況や投資判断しだいで実績が変動しますので、常に３％を維持するのは難しく、上下するリスクはあります。

参考までに、会社の企業年金として加入する企業型確定拠出年金（ＤＣ）のデータを紹介すると、加入している人の平均利回りは２０２１年時点で年率３・８％で、７割近くの人が年２～５％となっています。また、公的年金の資産も年金積立金管理運用独立行政法人（ＧＰＩＦ）という国の機関で運用されているのですが、その運用実績は２００１年度以来３・97％のプラスとなっています（２０２３年度第１四半期現在）。現役世代の人が老後に向けて20年や30年かけて運用するうえでは、年３％は高すぎるハードル

対策7－①（164ページ）での資産額推移

<iDeCoなし>

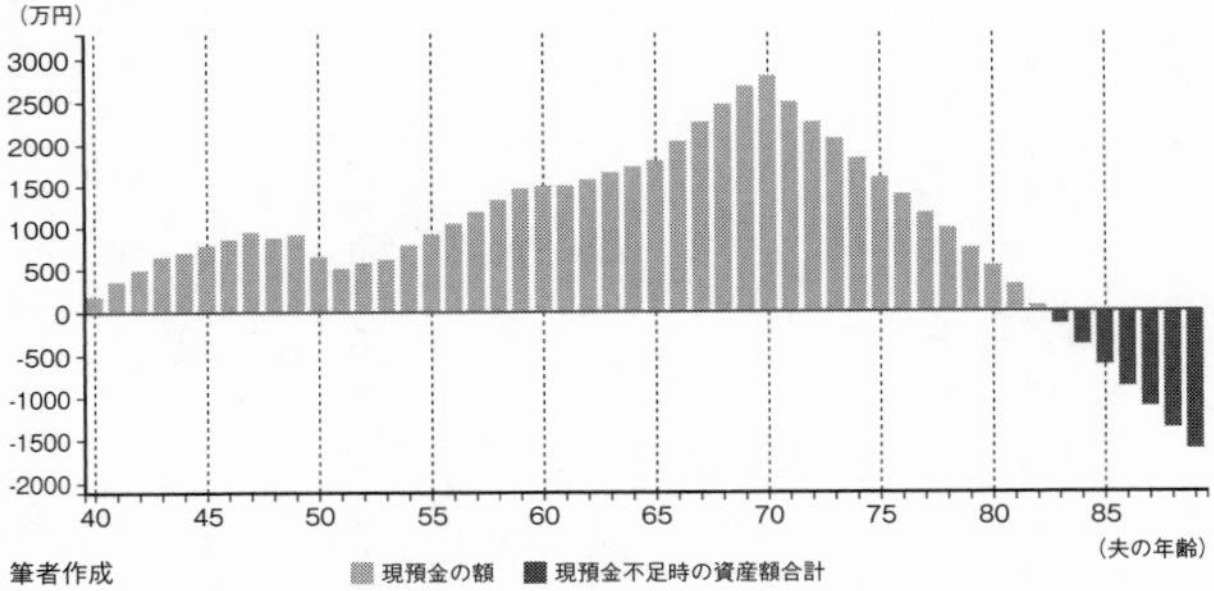

筆者作成

<iDeCoあり>

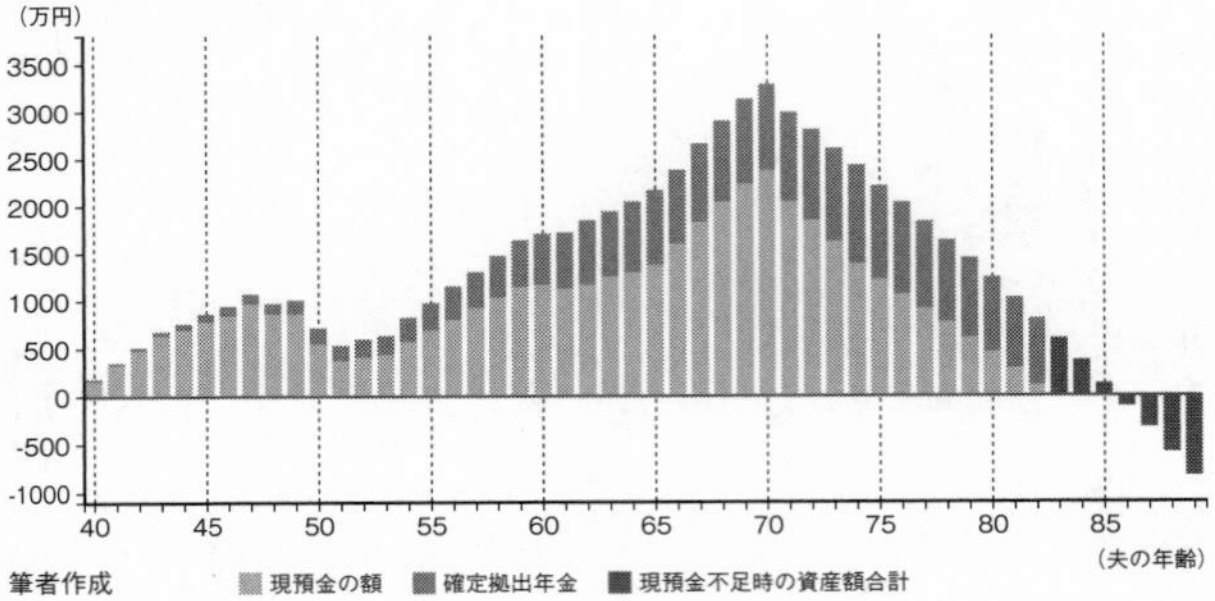

筆者作成

ではないと思います。

なお、先ほどの例ではｉＤｅＣｏに積み立てる金額を月1～3万円で設定していますが、自営業やフリーランスなどで国民年金の第1号被保険者にあたる人は、上限月6万8000円まで積み立てることができます。また、ｉＤｅＣｏに加入してお金を積み立てられるのは原則として国民年金に加入する60歳までですが、その後も保険料の納付月数が上限に達していない等の条件に当てはまれば65歳まで任意加入することができます。その場合、ｉＤｅＣｏも65歳になるまで加入継続できます。生活費や子どもの教育費に無理がないよう注意する必要はありますが、老後資金を積極的に準備したいときには、積立額を上げてもいいでしょう。途中で金額を変更することも可能です。

波平さんが今からiDeCoに加入して意味があるのか

会社員の場合、退職一時金とは別に企業型確定拠出年金（ＤＣ）を導入している企業も増えています。ＤＣの場合はあくまで会社の退職金制度なので基本は会社が掛金額を設定しており、積立額が少額にとどまることもありますが、企業によっては「マッチング拠出」という制度があり、会社が設定する掛金額とは別に従業員が任意で積立額を上乗せできるところもあります。ｉＤｅＣｏと同様に、積立額を所得控除でき、運用益が非課税になるなどの税制優遇に加え、口座管理や諸手続きにかかる手数料も会社負担になります（ｉＤｅＣｏでは自己負担）。

会社員が自分で任意の確定拠出年金を利用する場合、ｉＤｅＣｏまたはマッチング拠出のどちらかを選びます。ｉＤｅＣｏでは、積み立てられるのは月額１万２０００円／２万円／２万３０００円のいずれか（企業年金制度の種類などによる）です。自営業の人に比べて低いのですが、転職や退職をしても基本的には同じ口座で最長で65歳まで積立や運用を続けることができます（※65歳以降は新たな積み立てはできないが、75歳までは運用のみ続けることが可能）。

自営業でも会社員でも、老後を意識する50代の時点で運用経験のない人などからは「もう今からでは加入してもあまり意味がないのではないか」と質問されることがあります。他の貯蓄や老後の収入の見通しなどを勘案したうえでにはなりますが、長い老後を想定するなら、今からでもｉＤｅＣｏなどの運用メリットの期待はできます。

たとえば、第４章の家計シミュレーションで題材とした「サザエさん」の主人公サザエさんの父・磯野波平さんは54歳の会社員という設定です。仮に54歳から10年間、月３

万円、元本総額３６０万円を年利回り２％で運用し続けた場合、10年後の資産額は約３９８万円になります。受け取りまでの運用期間が短いことから、安定性に鑑みて利回りを年２％と想定していますが、それでも40万円ほどの利益になります。

老後が近づいてからの資産運用で運用実績を高めるために大事なのは、積立をやめても運用は続けることです。このケースでは、11年目以降は新たな積立をしなくても、残高に対して年２％の運用を続けると、75歳時点での資産額が約４９５万円になります。新規の積立をやめてからの10年ほどで１００万円近くお金を増やすことができるのです。老後までの時間があまりないと思っても諦めずに、生活に支障のない範囲で少しでも運用をしてみてもいいかもしれません。

所得制限から「お金を守る」

家計の改善やお金の貯蓄・運用とともに、年収１０００万円前後の世帯で意識したい対策に、「所得」を把握することも挙げられます。ここまで「年収１０００万円」に関する議論をしながら随所で「所得制限」の説明もしてきましたが、児童手当など所得制限のある各種補助制度の利用可否は子育て世帯のお金の負担を大きく左右します。わが家が所得制限の対象となるのかどうかを自分で判断できれば、家計の防衛策になるかもしれません。

意外と知られていないのが「収入」と「所得」の違いです。「所得制限」というときに用いられる「所得」は、厳密には「収入」と意味が異なります。しばしばこれらが同義かのように誤解されている場面を目にしますが、「収入1000万円」と「所得1000万円」はまったく意味が違うのです。

所得は所得税や住民税の計算上で使われる言葉で、収入から「必要経費」を差し引いた金額のことを指します。お店でいえば利益（もうけ）は売上から仕入れや人件費などのコストを差し引いた残りの部分になるのと同じように、額面の収入からコストを差し引いたのが実質的なもうけ、つまり「所得」です。ゆえに所得1000万円は、年収ベースにすると1200～1300万円程度になることが多くなります。

会社員の場合にも、所得税などの計算では実際にかかった経費がなくても必要経費とみなして収入から差し引くことができるお金があります。たとえば、「給与所得控除」は「働くためにはスーツや靴、文房具などのためにある程度の必要経費がかかっているだろう」とみなして、給与に応じた所定の金額が税の計算上で収入から差し引けるもの

（「控除」）です。他にも、厚生年金の保険料や健康保険料などによる「社会保険料控除」、扶養している配偶者や家族がいれば「配偶者控除」や「扶養控除」なども、収入から差し引いて課税を軽減できるものです。なお扶養控除に関してはこれまで一部の子育て世帯にとって負担増となる税制改正が幾度も行われ、２０２３年現在もさらに改正の可能性があることは、第3章でお話ししたとおりです。

これらの控除を差し引いた所得がいくらなのか、会社員は源泉徴収票で確認することができます。源泉徴収票の「給与所得控除後の金額」という項目が給与所得の金額、そしてここから、隣にある「所得控除の額の合計額」を引いた金額が、課税される所得額にあたります。自営業やフリーランスで確定申告をしている人は、事業やその他の収入から計算した所得額を記入する欄があります。

「所得」は国や自治体の給付金を受け取れるかどうか、認可保育園の保育料がいくらになるかといった公的補助の判定に用いられることもあります。

たとえば児童手当の場合は所得をもとに、「総所得－控除額－8万円」という基準で所得制限の対象になるか否かが判定されます。ここで言う総所得の金額は、収入が給与のみの会社員の場合は源泉徴収票から確認できる給与所得額とほぼ同じです。しかし控除額は所得税の計算上で差し引くものとは異なり、次に挙げるものを差し引きます。

■児童手当の所得制限限度額を確認する際の控除額

・障害者・勤労学生・寡婦控除（27万円）
・特別障害者控除（40万円）
・ひとり親控除（35万円）
・給与所得又は公的年金に係る控除（10万円）
・雑損・医療費・小規模企業共済等掛金控除（控除相当額）

仮に総所得が800万円の会社員の場合は、「800万円－10万円－8万円＝782万円」という数字が、所得制限の判定対象になります。家族構成が扶養内の妻と子ども2人の場合には、児童手当が満額支給される上限額（所得制限限度額）は736万円となっており、判定値はこれを超えるので、児童手当の支給額は子ども1人あたり月5000円（満額支給なら月1万円もしくは1万5000円・77ページ参照）になります。また、同様の条件で所得から計算した判定値が972万円を上回ると「所得上限限度額」

を超えるため、児童手当の支給自体がストップし、「支給なし」となります。

市区町村からの給付金や認可保育園の保育料などについては、所得に応じた住民税額である「所得割額」がベースになることが多いため、住民税の「納税通知書」や「税額決定通知書」といった書類が参考になります。住民税を給与天引きで納めている場合には毎年5～6月頃に勤務先から、確定申告をしたときには6月頃に自治体の役所から届きます。認可保育園の保育料については、一部の自治体ではホームページ上で源泉徴収票や給与証明書の情報を入力すると試算できます。4～8月分の保育料は前々年の収入をもとにした前年度の住民税所得割額、9～3月分は前年の収入をもとにした今年度の所得割額によって決定されます。共働きで夫婦ともに住民税を課税されている場合には、2人分の税額を合算して決定されます。

高校の授業料無償化も、住民税をベースに所得制限が設けられています（第2章参照）。厳密には住民税額そのものではなく、「市町村民税の課税標準額×6％－市町村民税の調整控除の額」という所定の計算式が基準です。この金額が30万4200円未満であれば無償化の対象になります。文部科学省では年収換算した目安表を公表しており、高校生の子ども1人の会社員家庭（片働き）の場合は年収約1030万円以下となっています。

所得を減らすのも手

同じ職場で同じ仕事をしていても、ほとんどの人は残業代などの変動によって細かな収入額は毎年前後するのではないでしょうか。およそ年収1000万円前後で推移している世帯では、所得制限に引っかかるかどうか微妙ということがしばしばあります。特に給付金や奨学金を受けたいタイミングでは、所得が所得制限の基準をギリギリで上回ることがないようにしたいものです。自分でコントロールが可能なら、これらの申請を控えている年には残業やシフトを減らして一時的に年収額を減らすという対策もできるでしょう。

しかし残業が思いのほか増えたなどで結果的に年収が上がってしまったときに手立てがないかというと、そうでもありません。わずかに年収が基準を上回ってしまった場合でも、所得制限を回避する対処ができることがあります。

その一例が、iDeCoと医療費控除により、実際の収入を減らさずに所得税などの所得控除を増やすことです。

ｉＤｅＣｏは先述の通り老後の年金を上乗せするための制度で、お金を積み立てると全額が所得控除の対象になります。掛金額に上限があること、積み立てたお金は原則60歳以降まで引き出せないことには留意が必要ですが、収入額を下げずに所得を下げることができます。

医療費控除は、1年間に自己負担した医療費の金額が10万円（その年の総所得金額等が200万円未満の場合は総所得金額等の5％）を超えたときに受けられる所得控除です。子どもや配偶者など同一生計の家族の医療費も合算して、最大200万円まで所得から控除できます。

年間の医療費の自己負担額が10万円というと、よほど大きな病気やケガで入院や手術などをしていないと使えないと思われがちです。また子どもの医療費には補助があるため、小・中学生まではほとんど負担がないことも多いです（所得制限がある一部の地域を除く）。

しかし、妊婦健診や出産費用、子どもの歯列矯正など保険適用外の自費の医療費や、薬局で処方してもらった薬やドラッグストアで購入した風邪薬や胃薬、目薬などの一部も、医療費控除の対象になります。

あるいは、ドラッグストアなどで購入する医薬品のなかには「セルフメディケーション税制」という特例の対象になるものがあり、それらの医薬品の年間購入費が1万2000円を超えれば最高8万8000円の医療費控除を受けられます。家族で月に1000円以上の市販薬を買っていれば活用できる計算になりますから、レシートを捨てないで保管しておけば使えるかもしれません。

ちなみに、所得税の軽減措置としては住宅ローン控除やふるさと納税も知られています。どちらも税が安くなる制度ではあるのですが、所得制限のある各種制度ではこれらを反映せずに所得水準を判定するしくみになっているため、回避する対策としては使えません。節税のために使える制度と、所得制限にひっかからないようにするために使える制度は必ずしも同じではないことに、注意が必要です。

なお現行の児童手当の制度では、所得が上限額を超えて一度不支給になってしまうと、翌年度以降に収入が下がっても、自動的には支給が復活しません。再度支給を受けるためにはもう一度申請手続きが必要で、手続きをしないと支給されないままになってしまいます。年によって所得制限ギリギリのラインで所得が上下していると何度も手間が生じてしまうことになりますが、所得が下がったら再度受給手続きをすることも、家計の防衛策となるでしょう。

ここまで、家計を改善する、お金を増やす、(所得制限から)お金を守るという3つの切り口で、個人でできる対策を紹介してきました。お金の対策として取れる手段や必要な知識は多岐にわたり、ここでは紹介しきれなかった方法もあります。とりわけ年収1000万円前後の世帯では一般的に行われる節約や貯蓄などに加え、公的補助を受けられるかどうかの判断や、受けられない場合の対処が必要になることもあるでしょう。

今回は子育て世帯に関連する内容を中心にお話ししてきましたが、お金に関する知識をつけて工夫をする力は誰にとっても重要です。あらゆる面において先を見通すことが困難なこれからの時代は、それが人生を左右するといっても過言ではないと思います。

おわりに

長らく「勝ち組」の代名詞のように語られてきた年収1000万円世帯の実態を捉え直すことはできないか。そんな問題意識から筆をとったのが、本書の始まりです。世間からは「裕福だ」といわれ、実際に各種所得制限の基準が年収1000万円前後に設定される一方で、当事者からは「ぜいたくなんてできない」との訴えがあちこちから挙がる。そして、それらの議論の多くは両者の主張が個人の経験則に基づく水掛け論にとどまっていることに、違和感を覚えてきました。

ひとりの人、ひとつの家庭が社会で生きていくにはあらゆるお金がかかります。暮らしにかかるお金を360度から、そして経時的に見なければ、本当にゆとりがあるかどうかはわかりません。本書では、特に様々な面でお金がかかり負担が重いと思われる子育て世帯を中心に、この問いに向き合ってきました。住宅・教育・日常生活にかかるお金の負担を整理し、家計への長期的な影響をシミュレーションすることで、擬似的にでも実態に少しだけ近づけたのではないでしょうか。

本来、ある人が「裕福かどうか」は主観的、かつ曖昧なもので、論じること自体が不毛である気もします。しかし、もし「年収1000万円は裕福か」という問いに何らかの解が求められるのだとしたら、少なくとも子育て世帯においては、今の年収1000万円はごく基本的な生活には事欠かないレベルであっても、「勝ち組」というイメージはもはや虚像に過ぎないというのが、筆者なりの見解です。

そしてその原因は、税と社会保険料の負担増に加え、前例を見ないほどの不動産価格の高騰、賃金が上がらない中での物価上昇、少子化ゆえの教育競争の激化など、個人の努力ではどうにもならないことも多いのが現実です。子どもに健全な生活と教育を与えたいという親としてのごくありふれた使命を全うするのは、いつの時代も一筋縄ではいかないことですが、激動の時代に適応しながらそれを実現するのは、さらにハードルの高いことです。

現在、日本の子育て世帯の割合は全体の18%しかありません。子どものいる家庭は、もはやマイノリティなのです。また、経験するとしても子育て期間はたいていの場合は十数年から20年程度のことであり、「人生100年時代」といわれる長い時間軸の中では、ほんのひとときです。20年もたてば当事者世代は入れ替わり、その間に社会経済も歴史も一巡していきます。

しかし、ここまでお伝えしたことを振り返ってみると、そうやってこれまで「当事者の我慢や努力で乗り越えるもの」とされ、社会全体の課題として顧みられることなく置き去りにされた種々の問題が、まさに今、深刻化して山積しているような気がしてなりません。

今の若い世代は結婚や子どもをもつことに否定的だと言われます。実際に周囲でも「メリットがない」「コスパが悪すぎる」という声を聞きます。また、世代を問わず行政による子育て支援に否定的な風潮もあり、筆者も以前に「国は子育て支援ばかりにお金を使ってうんざりだ」と言われたことがあります。国全体として経済力を失っていくなかで、自分が生きていくだけで精一杯で他者を慮《おもんぱか》る余裕が持てないという人が増えた結果、社会の中で子どもは遠い存在になりつつあると感じます。頻発する「年収100

0万円は裕福か？」論争は、そんな人生のやるせなさの表れなのかもしれません。

しかし、私たちは老後の年金という面でも、社会・生活インフラの面でも、今の若い世代や子どもたちの働きに支えられることになるはずです。その事実には、年収も子どもの有無も関係ありません。個人の生き方や選択の自由をお互いに尊重することは大前提として、せめて、これから子育てに立ち向かう若者や今の子どもたちが選択の余地なくそのような厳しい未来を背負うであろうことに、私たち大人世代はより自覚的であるべきではないかと思います。

本書では年収1000万円を軸にお伝えしましたが、現在の子育て世帯やその子どもたちが置かれている実態について、世代や環境を超えて社会全体の理解が深まる一助になればと思っています。

ここまでお読みくださった方に、何かひとつでも気づきを残せたら嬉しく思います。

願わくば、もしあなたが周囲で子どもと接する機会があったときに、ほんの一瞬でも温かなまなざしを向けるきっかけになれば、著者としてこれ以上の喜びはありません。

おわりに

最後に、本書を執筆する機会を与えてくださった新潮社の皆様、執筆にあたって多くのインスピレーションと経験の引き出しをお裾分けしてくださった取材先の皆様と友人、そして間接的な関わりを含め筆者に関与してくださったすべての皆様に、この場をお借りしてお礼申し上げます。皆様おひとりおひとりのひたむきな人生があってこそ、本書をまとめることができましたし、その努力でこの社会が支えられていることに改めて気づかされました。その思いが、本書を読んでくださった方へ、そして子どもたちへ、明日の知恵と展望としてわずかでも受け継がれていくことを願っています。

2023年9月

加藤梨里

主な参考文献（順不同）

◆おおたとしまさ『勇者たちの中学受験』大和書房　２０２２年
◆藤沢数希『コスパで考える学歴攻略法』新潮社　２０２２年
◆中藤玲『安いニッポン「価格」が示す停滞』日経ＢＰ、日本経済新聞出版本部　２０２１年
◆浜矩子、城繁幸、野口悠紀雄ほか『日本人の給料』宝島社　２０２１年
◆野尻哲史『定年後のお金』講談社　２０１８年
◆白河桃子、是枝俊悟『「逃げ恥」にみる結婚の経済学』毎日新聞出版　２０１７年
◆大江英樹『資産寿命』朝日新聞出版　２０２０年

加藤梨里　ファイナンシャルプランナー(CFP®)、マネーステップオフィス株式会社代表取締役。元慶應義塾大学スポーツ医学研究センター研究員。著書(監修)に『ガッツリ貯まる貯金レシピ』など。

Ⓢ新潮新書

1020

世帯年収《せたいねんしゅう》1000万円《まんえん》
「勝《か》ち組《ぐみ》」家庭《かてい》の残酷《ざんこく》な真実《しんじつ》

著　者　加藤梨里《かとうりり》

2023年11月20日　発行

発行者　佐藤隆信

発行所　株式会社 新潮社

〒162-8711　東京都新宿区矢来町71番地
編集部(03)3266-5430　読者係(03)3266-5111
https://www.shinchosha.co.jp
装幀　新潮社装幀室

図版製作　クラップス
印刷所　株式会社光邦
製本所　加藤製本株式会社

ISBN978-4-10-611020-7 C0230

価格はカバーに表示してあります。

Ⓢ新潮新書

1017
男と女
恋愛の落とし前
唯川恵

不倫はすることより、バレてからが本番——36歳から74歳まで12人の女性のリアルな証言を恋愛小説の名手が冷徹に一刀両断。珠玉の名言にあふれた「修羅場の恋愛学」。

1016
すごい健康法
名医・専門家に聞く
週刊新潮編

健康本を何冊も買う必要なし、解決策を一挙掲載！　健康寿命をおびやかす病気や不調について、13人の名医とプロフェッショナルが最新の知見を活かした健康新常識と実践法を伝授する。

1015
引きこもりの7割は自立できる
二神能基
久世芽亜里

「信じて待つ」「まずは親子の対話から」「本人の意思を尊重」では何も変わらない。「一歩踏み込む」支援によって、自立への道に繋げよ！　引きこもり支援団体創設者による最終回答。

1010
過剰反応な人たち
中川淳一郎

人間とはいかに愚かで、「自分だけが正しくて他人は全員無能」と考えているか——。「考えるより反応」で「関わると面倒くさい」残念な人たちへの冷静な対処法を伝授。

1011
お客さん物語
飲食店の舞台裏と料理人の本音
稲田俊輔

人気の南インド料理店「エリックサウス」総料理長が、楽しくも不思議なお客さんの生態やサービスの極意を本音で綴る。飲食店がもっと楽しくなる、食についてのエピソードが満載！

Ⓢ新潮新書

1012
国家は巨大ＩＴに勝てるのか
小林泰明

グーグル、アップル、メタ、アマゾン、マイクロソフト――世界最強企業と国家権力の「総力戦」が始まった。「本性むき出し」の知られざる攻防を、日米の現場からえぐり出す。

1013
新版 メディアとテロリズム
福田充

テロリストはメディアで存在をアピールし、主義主張を宣伝する。メディアはそれを報じ、ＰＶや視聴率を稼ぐ。その〝共犯〟関係にメスを入れた話題の論考に大幅な加筆をした決定版。

1006
がんの消滅
天才医師が挑む光免疫療法
芹澤健介
小林久隆［医学監修］

科学者達が「エレガント」と口を揃える「第五のがん治療法」光免疫療法のどこが「ノーベル賞級」なのか？　数十時間のインタビューから浮かび上がる天才の苦闘、医学と人間のドラマ。

1007
ウクライナのサイバー戦争
松原実穂子

もともとは「サイバー意識低い系」だったウクライナは、どのようにして大国ロシアと互角以上に戦えるまでになったのか。サイバー専門家によるリアルタイムの戦況分析。

1008
言い訳するブッダ
平岡聡

「お釈迦様は眠らない」「殺人鬼も解脱できる」「肉食禁止の抜け道」……これらは全て仏教を進化させるために必要な「方便」だった――。「言い訳」で理解する仏教入門！

Ⓢ新潮新書

1000
ウクライナ戦争の軍事分析
秦 郁彦

圧倒的な火力で迫るロシア軍に対し、欧米の軍事支援を受けるウクライナ軍との攻防は一進一退。現代史研究の第一人者が、侵攻開始以来の戦局の推移と今後の展望を鋭く読み解く。

1001
学習院女子と皇室
藤澤志穂子

目的は皇族を支える華族の子女の教育。あいさつは「ごきげんよう」。歴史的経緯、独特の慣習、同窓会誌等から、親子四代学習院出身の著者が「上流階級教育」の意義に迫る刺激的論考。

1002
フィリピンパブ嬢の経済学
中島弘象

フィリピンパブ嬢と結婚した筆者の人生は、新たな局面に。初めての育児、言葉の壁、親族縁者の無心と綱渡りの家計……。異文化の中で奮闘する妻と、それを支える夫の運命は？

995
幸福な退職
「その日」に向けた気持ちいい仕事術
スージー鈴木

「5×10の法則」「65点主義」「ですよね力」など、55歳で博報堂を退職した音楽評論家が実践してきた仕事の流儀を伝授。あらゆる世代に刺さる、気持ちよく働き、辞めるための仕事術！

996
世界史の中のヤバい女たち
黒澤はゆま

アステカ王国を滅ぼした十七歳、復讐の鬼と化したウクライナ聖人、民を戦乱の世から救った中華最強の悪女——歴史を動かした女たちの生涯と歴史の裏に隠された史実に迫る！

Ⓢ新潮新書

997 交通崩壊 市川嘉一

寸断される鉄道、広まらないトラム、カオス化する歩道……。「部分最適」の政策の集合体を脱し、総合的な交通政策を構想せよ！　都市・交通問題に精通したジャーナリストによる提言。

993 不老脳 和田秀樹

やる気が出ないのは脳のせい！　それは前頭葉が40代から萎縮を始めるから……。だが、いつまでも若さを保てる人がいるのはなぜ？　ベストセラー連発の著者が贈るとっておきの処方箋。

998 失礼な一言 石原壮一郎

「きれいになったね」「赤ちゃんはまだ？」「独身は自由でいいよね」は全部NG！　日常会話からメール、LINEなどのSNS投稿まで様々な局面で知っておきたい言葉のレッドライン。

991 目的への抵抗 シリーズ哲学講話 國分功一郎

消費と贅沢、自由と目的、行政権力と民主主義など、コロナ危機に覚えた違和感の正体に迫り、哲学の役割を問う。『暇と退屈の倫理学』の議論をより深化させた、東京大学での講話を収録。

992 2035年の中国 習近平路線は生き残るか 宮本雄二

建国百年を迎える2049年の折り返し点とされる2035年に習近平は82歳。その時中国はどうなっているのか？　習近平を最もよく知る元大使が、中国の今後の行方を冷徹に分析する。

新潮新書

994
国難のインテリジェンス
佐藤 優
「検討」など、もう聞き飽きた！ 日本が長い間解決を先延ばしにし続けた問題を、各分野の知性と本気で解く。世界が再び混迷に突入する中、猶予はもはや残されていない。

987
マイ遍路
札所住職が歩いた四国八十八ヶ所
白川密成
札所の住職が六十八日をかけてじっくりと歩いたお遍路の記録。美しい大自然、幽玄なる寺院、空海の言葉……人々は何を求めて歩くのか――。日本が誇る文化遺産「四国遍路」の世界。

988
東京大学の式辞
歴代総長の贈る言葉
石井洋二郎
その言葉は日本の近現代史を映し出す――時代の荒波の中で、何が語られ、そして何が語られなかったのか。名式辞をめぐる伝説からツッコミどころ満載の失言まで、徹底解剖！

989
官邸官僚が本音で語る権力の使い方
兼原信克 佐々木豊成
曽我 豪 髙見澤將林
巨大タンカーのごとき日本政府を動かすには「コツ」がいる。歴代最長の安倍政権で内政・外政・危機管理の各実務トップを務めた官邸官僚が参集し、「官邸のトリセツ」を公開する。

990
うらやましいボケかた
五木寛之
下を向いて歩こう――ボケる思考、ガタつく体を実感しながらも、ひとり軽やかに「老年の荒野」をゆく――人の生き方・考え方が目まぐるしく変わる人生百年時代に綴った卒寿の本音。

Ⓢ新潮新書

984
NHK受信料の研究
有馬哲夫

「NHKは公共放送だから受信料が必要」はプロパガンダに過ぎない。放送法制定に携わったGHQ側の貴重な証言を盛り込みながら、巨大メディアのタブーに斬りこむ刺激的論考。

985
山本由伸
常識を変える投球術
中島大輔

肘は曲げない、筋トレはしない、スライダーは自ら封印……。「規格外れ」の投手が球界最高峰の選手に上り詰めた理由は何なのか。野球を知り尽くしたライターが徹底解読する。

986
ボブ・ディラン
北中正和

その音楽はなぜ多くの人に評価され、影響を与え、カヴァーされ続けるのか。ポピュラー音楽評論の第一人者が、ノーベル賞も受賞した「ロック界最重要アーティスト」の本質に迫る。

983
脳の闇
中野信子

承認欲求と無縁ではいられない現代。社会の構造的病理を誘うヒトの脳の厄介な闇を解き明かす。著者自身の半生を交えて、脳科学の知見を媒介にした衝撃の人間論！

980
正義の味方が
苦手です
古市憲寿

正しすぎる社会は息苦しい。戦争が起き、元総理が殺され、コロナは終わらない。揺らぐ社会をみつめ考えた、「正しさ」だけでは解決できない現実との向き合い方。

新潮新書

981
悪さをしない子は悪人になります
廣井亮一

非行少年であっても、正しく位置づけられた「悪」は、人生をプラスの方向に導くためのエネルギーとなる――。数百人の非行少年を更生に導いた元家庭裁判所調査官が説く「悪理学」。

982
患者が知らない開業医の本音
松永正訓

「儲かってる?」なんて聞かないで。開業資金、患者の取り合い、医師会、クレーマー、コロナで収入激減、自身の闘病――。勤務医を辞めてクリニックを設立した舞台裏、すべて書きました。

976
誰が農業を殺すのか
窪田新之助
山口亮子

農家の減少は悪いことではない。「弱者である農業と農家は保護すべき」という観念から脱却し、産業として自立させよ！　農業ジャーナリストが返り血覚悟で記した「農政の大罪」。

977
寿命ハック
死なない細胞、老いない身体
ニクラス・ブレンボー
野中香方子訳

「老い」を攻略せよ！　最新の科学研究から導き出された寿命の未来を、若き分子生物学者が分かりやすく解説。世界22ヵ国で注目のベストセラー、ついに日本上陸!!

978
シチリアの奇跡
マフィアからエシカルへ
島村菜津

「ゴッドファーザー」の島から、オーガニックの先進地へ。本当のSDGsは命がけ。そんな、諦めない人たちのドキュメント。新しい地域おこしはイタリア発、シチリアに学べ！

Ⓢ新潮新書

979
流山がすごい
大西康之
「母になるなら、流山市。」のキャッチコピーで、6年連続人口増加率全国トップ――。流山市在住30年、気鋭の経済ジャーナリストが、徹底取材でその魅力と秘密に迫る。

974
コスパで考える
学歴攻略法
藤沢数希
中高一貫校か公立中高コースか？　大手塾の仕組みは？　理系は医学部に行くべきか？　正しい英語の勉強法は？　子供が受験で勝つため、親が知っておくべき実践的「損益計算書」。

975
プリズン・ドクター
おおたわ史絵
純粋に医療と向き合える「刑務所のお医者さん」は私の天職でした――。薬物依存だった母との関係に思いを馳せつつ、受刑者たちの健康改善のために奮闘する「塀の中の診察室」の日々。

882
スマホ脳
アンデシュ・ハンセン
久山葉子訳
ジョブズはなぜ、わが子にiPadを与えなかったのか？　うつ、睡眠障害、学力低下、依存……最新の研究結果があぶり出す、恐るべき真実。世界的ベストセラーがついに日本上陸！

820
ケーキの切れない
非行少年たち
宮口幸治
認知力が弱く、「ケーキを等分に切る」ことすら出来ない――。人口の十数％いるとされる「境界知能」の人々に焦点を当て、彼らを学校・社会生活に導く超実践的なメソッドを公開する。